# 日本東北
# 極上祕境

JR EAST PASS　慢遊案內

愛莉西亞 aLiCia　著

# 敞開感官，
# 感受東北所有滋味

法國詩人波特萊爾：「移動，一直讓我的靈魂引以為樂。」

旅行的目的地有時不一定是重點，真正的欲望是「出走」。這點正好是來到東北地方的鐵道旅行中，最讓人無法招架的魅力所在。

至於迷戀上東北，則是一場場美麗的相遇。

跟著櫻花、紅葉前線一路挺進東北，翻山越嶺後，在隆冬中享受銀白雪色的寂靜滋味；東北六大祭典是盛夏的熱情，餘音繞梁，看著照片仍然歷歷在目。

人生第一次看到滿山遍野的楓紅便在東北地方。望著層次分明的紅葉黃葉，彩墨般動靜交錯，繪盡斑斕，與川原、溪谷構組出如祕境般的絕美畫面，震撼人心。人生第一次來到銀白世界的冰天雪地也在東北地方，那一席譜之不盡的天鵝白絨，不論是佇立著千百名樹冰怪將，或是幾近覆蓋世外桃源的小王國，微微凍傷的雙手，捧起這潔淨的白，紅通通的雙頰下，是道不盡的興奮之情。

至今，我仍不能確定，是因為那年的秋楓初雪，讓我愛上東北；還是因為暖暖人情，讓我的心一直遺留在那一帶。但，確定的是，針對外國人設計的鐵道周遊券，讓我深深感受到一個旅人的幸福所在，尤其對於一個向來隨性旅行的我而言。

　　東北之大，即便花上 1 個月也難以訪盡。311 之後，我仍去過東北多回，每回都面對大家惶恐問及：「東北現在能去嗎？」其實東北人維護美景，相當注重水土保持，盡量不加以人工開發，以免破壞大自然。且本書介紹之景點多以新幹線為出發點，較遠離災區，且皆為東北名景。不妨運用 JR EAST PASS 輕鬆上路，以一種探望老友的關懷之心前往，細細認識東北各縣的人文風景，走入東北祕境。

　　來了好幾回東北，始終占據心目中的日本第一，直到現在，這趟旅程從未在內心世界結束過。每一次前來，便像是踏上一段渴望探索的未知路上，事前期待或留有遺憾，都是旅行中美好感受的一部分，正因精采總超出預期，不如讓感官敞開，順逆全收這旅途上的所有滋味吧！

# 目錄

# 第 一 篇

## 用 JR EAST PASS
## 訪遍東北之美

主要新幹線
認識東北地方及

### 東北 6 縣

東北地方位於本州東北部，由青森、岩手、宮城、秋田、山形、福島 6 縣組成，古稱「奧羽地方」，是日本令制國（舊時日本在律令制下所設置的地方行政區，自奈良時代開始，至明治初期止。）的陸奧國（奧州，臨太平洋 4 縣及秋田東北）與出羽國（羽州，山形及秋田縣西南部）的合稱，因此在這一帶旅行，常可看到奧羽、陸奧或出羽字眼。陸奧國在平安時代前稱為「道奧」，意指道路之盡頭，的確，從當時首都京都來看，占地廣大又遙遠的東北地方，位處邊陲、蠻荒之地，在日本本州屬於較晚開發的地方。而其中岩手、福島縣在日本國土面積中，僅次於北海道，位居第 2、3 位。

但東北東、西側各臨太平洋及日本海，奧羽山脈縱貫其間，這一帶山地、火山多，形成許多高山湖泊、海岸奇景及珍奇樹冰景觀，自然資源富饒，大啖海產、山產美食外，四季分明所帶來的大自然禮讚，更讓東

北的櫻花名所年年高居日本人心目中前幾名；夏日的繽紛，在高亢激昂的祭典中，驚豔百年傳統文化與工藝美學，讓人好是感動；來到秋日，望著層次分明的紅葉山巒，與溪谷、湖水所相映出絕美畫面，一生難忘；冬季則絕對不能錯過溫泉祕湯，在自然美景的天人合一中，通體舒暢，所謂的心靈療癒，原來就是這麼回事。

## 行駛於東北的 3 條新幹線

日本國土中，森林占約 70%，但有 40% 是人造林，在東北尤其能感受到日本人愛護大自然、重視水土保持的一面。東北占了本州約 1/3 的土地，但交通不便，隨著新幹線開通及便利的接駁方式，讓東北不再是昔日的祕境。只要認識主要的新幹線，便能走進這充滿大自然能量的美麗淨地。

持有 JR EAST PASS，即可通行於東日本區域內的 5 條新幹線，其中開往東北的為東北、山形及秋田 3 條新幹線。來到東北旅行，可先從新幹線上的主要大站開始，主要櫻花名所及夏日祭典便能行走無礙。但東北的紅葉多處深山郊區，許多知名城廓、名景、美學場域，得再從這些大站轉乘地方鐵道或巴士前往，可參考各景點之交通說明。

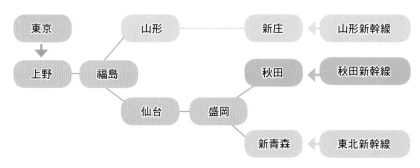

### 東北新幹線 ——

依行駛區間分成隼、疾風、山彥、那須野號，並分別使用 E5、E3、E2 系車型。

1 東北新幹線與秋田新幹線列車相連結。
2 山形新幹線「翼號」。

| 1 | 2 |

**1. 隼（はやぶさ，Hayabusa）**：行駛區間主要為東京～新青森，由於是特快列車，盛岡站以南，多數只停東京、上野、大宮及仙台站；少數班次在仙台～盛岡站為逐站停靠；盛岡～新青森段則多數為逐站停車。大部分班次皆與往和田的小町號連結至盛岡站後，才分開行駛，時速最快高達 320 公里，由東京至新青森，最短僅需 3 小時。（全車均為指定席）

**2. 疾風（はやて，Hayate）**：除臨時列車，行駛區間為：東京～盛岡（仙台以北為各站停車）及盛岡～新青森 2 種。（全車均為指定席）

**3. 山彥（やまびこ，Yamabiko）**：一半班次行駛區間為東京～仙台，另一半班次為東京～盛岡，其中仙台～盛岡為各站停車。部分班次與翼號連結至福島站。

**4. 那須野（なすの，Nasuno）**：行駛區間為東京～那須塩原（部分到郡山）。

### 秋田新幹線 ── 小町號（こまち，Komachi）

這條行駛於盛岡～秋田之間的迷你新幹線，是東北新幹線的延伸路線，因此在東京～盛岡路段與疾風號並聯行駛，在盛岡站解聯後，單獨行駛至秋田站，中途停靠雫石、田澤湖、角館和大曲站，回程亦同。營運車型已全面改為紅色的 E6 系營運，時速最快高達 320 公里，由東京至秋田，最短僅需 3 小時 49 分鐘。（全車均為指定席）

### 山形新幹線－翼號（つばさ，Tsubasa）

這條行駛於福島～新庄之間的迷你新幹線，大部分班次自東京出發，與東北新幹線的山彥號並聯行駛至福島，解聯後單獨行駛至山形站或新庄站。

山形新幹線在山形共停靠 10 站，依不同班次而停靠站略有不同，因使用原在來線「奧羽本線」動線，所以在奧羽本線上，同時有新幹線與在來線列車行駛，習慣上會以山形新幹線、山形線分別稱之，以利區別。

　　了解東北不同新幹線後，建議若自東京前往如仙台、盛岡、新青森等大城市，以隼號為優先，最省時。但若從仙台往山形，則不一定要搭新幹線，直接搭乘仙山線特快車只需 1 小時車程，也比以 2 條新幹線轉乘便宜。

　　在東北搭新幹線最麻煩的是特急列車幾乎都得事先畫位，特別是前往北東北 3 縣，雖不至於畫不到座位，但若遇上日本長休（如黃金週、暑休、新年）或東北旅遊旺季，建議還是及早畫位較好，可事先購入 JR EAST PASS，取得代碼後，於出發前至 JR 東日本網站上預定座位（英／日介面）。

## 東北新幹線，設計味十足

　　2010 年底，東北新幹線全線通車後，將東北地方的列車旅行帶往新境界。現行營運的新幹線中，東北新幹線以時速 320 公里稱霸本州地區，為了振興東北觀光，JR 東日本從列車設計、宣傳及相關配套活動，無不竭盡心力，也積極汰換舊型列車，開往青森的 E5 新幹線以「Made in Dream.」為訴求，綠、白車身，中間以如絲帶般的櫻花粉紅輕盈畫過，朝氣而有質感；前往秋田的 E6 則是一身紅，十分時尚亮眼，被封為「法拉利新幹線」。

足湯列車「Toreiyu」，車身上繪製了代表山形的水果。

## 特色足湯列車

　　有溫泉王國之稱的山形，將 E3 系新幹線車輛進行改造，推出全日本首輛足湯列車「とれいゆ Toreiyu」，擷取自英文列車「Train」和法文太陽「Soleil」而命名。車體以藍色車頭，搭配柔美的綠、白色，象徵山形縣大自然名景「月

| 1 | | 3 | 4 |
|---|---|---|---|
| 2 | | | |

1 座敷指定席頗有日式情調。
2 交誼廳有吧檯販售山形特產。
3 代表山形的紅花色相當搶眼。
4 泡著足湯，欣賞窗外景色飛逝。

山、最上川、藏王」，並繪以山形產的各式水果，傳遞沿線美好的自然風光、美食、溫泉與文化。全車均為指定席，持 JR EAST PASS 者只要事先畫位，一樣可乘坐。

全車6節車廂中，11號車廂為普通座席，12～14號車廂是榻榻米鋪成的「座敷指定席」，天花板、椅背上方各以山形特產水果為圖樣雕刻而成，讓濃濃的和風氣息添了溫馨家鄉味。15號車廂的交誼廳座席為塌塌米敷，山櫻木桌及紅花色彩的吧檯，販售山形產地酒、果汁及小點心，展示山形特產，適合泡完足湯後在此小憩片刻。

足湯列車許多商品得先在旅遊中心「びゅう」購買，包括飲品組合、列車便當及足湯券。最有噱頭的「足湯車廂」獨立於第16節車廂，不開放參觀，若想體驗，可在吧檯區購買足湯券（¥380），同時預約時段，足湯使用時間為15分鐘，預約前10分鐘即可至更衣處換鞋入場，並附贈專屬毛巾一條。

2座紅花色澤的湯船，一黑一白的座椅，各有寬敞大景觀車窗，可一邊享受足湯，一邊眺望沿線風景。山形溫泉鄉多，處處有足湯可免費體驗，車內非天然溫泉，水溫也略低，但仍是趟頗具氛圍的有趣體驗。

**足湯列車**

🕐 週末及假日。

🚌 福島～新庄站，一日一往返，可挑其區間搭乘。
出發、抵達時間：
福島 10：02 ～新庄 12：16；
新庄 14：43 ～福島 17：41。

@ www.jreast.co.jp/railway/joyful/toreiyu.html

迷人鐵道文化

在日本旅行，「車站」是認識一個城市最好的開始。

特別是來到東北，主要的大城市車站從視覺的車站布景、季節裝飾、宣傳海報，味覺的各式名產、鐵道便當，乃至紀念戳章、外觀建築等，小細節大學問，逛一圈車站，當地特色、名物即可略知一二。市民日常通訊用的郵筒，光是在東北地方，就能找到好幾座結合城市意向的造型郵筒。

### 駅弁！鐵道便當料理東西軍

充滿地方特色的食材、包裝，甚或好故事，讓「便當」一直是日本人鐵道旅行中不可或缺的一環。品嘗過許多特色便當，老實說滋味早隨著旅行中不斷加入的地方美味而逐漸淡忘，但造型特殊的便當仍記憶深刻，不倒翁、釜鍋、新幹線便當盒，用畢可將容器帶回家做紀念。更詩情的，連地方四季風采、鐵道沿線風情都成了創作題材，包裝紙、竹筷袋上，還能讀到文學歌謠。

| 1 | 2 |
|---|---|
|   | 3 |

1　鐵道便當菜色多為當地特產。
2　具有特色的便當容器，還可當作紀念品。
3　收集紀念章，成為獨一無二的紀念。

　　除了東京車站的便當屋（駅弁），日本鐵道便當多僅限於當地或該條路線列車上販售，許多限定、限量便當，更是一上架便銷售一空。雖說價格不算便宜，但品質多在水準之上，米飯飽滿香Ｑ，充滿地方味的主菜，連帝王蟹、海膽、牡蠣等高級食材也入菜，佐以滷菜、漬物、魚板、蛋類等各式配菜，五彩繽紛、營養均衡，連食量不大的我也常一掃而空。

## 車站紀念戳章

　　一枚枚取材自當地名勝、文化意象的車站紀念章，多年旅行下來，如銘刻在腦海中的滿滿回憶，竟已累積好幾本蓋滿章的冊子。

　　這些置放在車站出口或觀光服務所的紀念章，間接見證許多城市的今昔風貌。偶爾翻起這些手札，就發現有些車站隨著風情、建築、行經列車的改變，紀念章也隨之換了主題。每當生活疲累時，翻起多年旅行累積的另類戰果，心情似乎也跟著一枚枚戳章，輕輕地，再度上路旅行去。

## 車站商店、建築，城市名物風向球

　　來到陌生新站，我喜歡下車後先逛逛站內商店及附近商店街，這是最快認識城市的好方法，跟著當地人一嘗地方特產名物。

　　東北鄉間有許多迷你小站，小歸小，卻頗迷人。會津鐵道的「湯野上溫泉

站」是日本唯一茅草屋車站，彷彿來到鄉間人家作客，圍爐裡尚殘留淡淡炭火味；「鳴子溫泉站」前的足湯及手湯可舒緩疲累，好繼續下個旅程；五能線「能代站」裡的投籃遊戲，伸展筋骨、趣味多多。其他還有保留大正風味的山寺站、結合武家屋敷的角館站等，都是鐵道旅行中美麗的邂逅。

## 特色列車讓人捨不得下車

除了嶄新快速的新幹線及一票難求的寢臺列車，日本近年來推陳出新的特色列車、食堂列車蔚為風潮，成為鐵道迷追逐的目標，更不乏媲美遊輪的高價旅行團。如行駛於八戶～久慈的「Tohoku Emotion」、山形足湯新幹線，還有期間限定的 SL 蒸汽火車、以自然風光取勝的五能線休閒白神號、閃亮號及會津浪漫等列車。

迷人的鐵道旅行是五感的最佳釋放，讓人以身乘坐、用味蕾感受，雙眼觀察、以心記錄，從出發、直至到達音鳴起的這段時光，早已不僅止於移動，還有沿途的所有感動。

| 1 | 2 | 3 |
|---|---|---|
| 4 | | |

1　鳴子溫泉站旁的足湯。
2、3　會津浪漫號。
4　湯野上溫泉站內有溫暖圍爐。

# JR EAST PASS 探索東北使用法

日本交通費高，鐵道周遊券的發行，無疑是對外國旅人最高的貼心，一張 JR EAST PASS 票價 2 萬 2 千日圓，光是從東京往返新青森就完全超值，何況還可在 2 週內任選 5 日使用。

## JR EAST PASS（東日本通票）

| | |
|---|---|
| 使用對象 | 僅限持外國護照，即在日本逗留天數為 90 天以內的短期逗留之外國旅客，購買時需出示護照。 |
| 購買處 | 1. 在臺灣透過旅行社、網路購買（需印出兌換券），但此時交易完成後，僅是兌換券，抵達日本後需於指定地點換成通票。請注意，兌換券需於發行日起 3 個月內，兌換成 JR EAST PASS。<br>2. 也可在日本指定發行處（機場旅客服務中心及東北地區新幹線各大車站的旅客服務中心）直接購買。 |
| 使用期間 | 不論在臺灣或日本國內購買，從正式兌換／購買 JR EAST PASS 的當日起算的 14 日內，可任選 5 天使用（即 1/1 購買，使用期限為 1/1~1/14 內任 5 天）。通票上印有 5 個空格，使用日的第一次進出站，站務人員會在上方蓋上當天日期，所以不需事先決定欲使用的 5 天日期。 |
| 畫位方式 | 欲畫指定席，可攜帶通票至 JR 東日本車站的售票處窗口或旅遊服務中心畫票。<br>若擔心抵達日本時無法順利畫到座位，也在事先於國內先於網站訂好，再至窗口兌換車票，唯要注意，若有訂錯或未來想更改時間，得另付手續費。 |
| 票價 | 6 歲以下免費；6 ~ 11 歲 11,000 日圓；11 歲以上 22,000 日圓。僅販售普通車廂，無法升級至商務或豪華車廂。<br>JR 東日本雖未規定 1 次進入日本僅限購 1 張，但在第 1 張通票到期前，不可再購買新的通票。 |
| 可搭乘列車 | JR 東日本所營運的新幹線、JR 列車 |
| | 伊豆急行線全線、北越急行線全線、青之森鐵路、IGR 岩手銀河鐵路、東京單軌電車、仙台機場鐵道線、東京臨海高鐵道全線（臨海線），及往來成田機場至市區的成田特快車 |
| | JR 東日本線與東武鐵道線相互過軌的特快、普通車：包括「日光號」、「Spacia 日光號」、「鬼怒川號」、「Spacia 鬼怒川號」，以及東武鐵道線下今市至東武日光、鬼怒川溫泉的普通線（含快速列車）、越後 TOKImeki 鐵道（直江津~新井區間）。 |
| 使用範圍 | 東北 6 縣：青森、岩手、宮城、秋田、山形、福島 |
| | 上信越地區：長野縣、新潟縣，關東地方及伊豆半島 |
| JR EAST PASS 網站 | 中文網站<br>www.jreast.co.jp/tc/eastpass/l |

## JR EAST PASS 使用注意事項

1. **無法搭乘 JR 巴士**：東北許多地方皆需以 JR 巴士接駁至目的地，特別是前往十和田湖、奧入瀨溪流這段車資高昂，建議可先計算所需車資後，決定是否改買全國版 PASS（僅能於海外購買）。

2. **北陸新幹線僅可乘坐東京～上越妙高站**。從上越妙高站～金澤區間，因非 JR 東日本經營範圍，無法使用。但 JR 東日本有配合季節活動，不定期推出加購價活動，購買至富山黑部宇奈月站的票券。

3. **從東京往伊豆半島可搭伊豆急行線，但不可搭乘新幹線**。因從東京往品川這一段，屬於東海道新幹線運營，不在通票範圍內。

4. 前往東北地方的新幹線，包括東北新幹線隼號、秋田新幹線小町號等，都是全車指定席，因現日本旅遊人口多，建議**最好於出發前先畫位**。特別是熱門祭典期間，以免搭不到車。

## 不買 JR EAST PASS，也可暢遊東北

在東北地方旅行，非得購買 JR EAST PASS 嗎？其實並非如此。扣除特殊包機的青森、秋田機場進出外，在正規班機下，若從仙台進出，旅行地區又以南東北的宮城、山形及福島 3 縣為範圍，這 3 縣彼此間有 JR 特快及普通列車串聯，特別是宮城及山形縣之間的著名景點都在 JR 線上，而山形縣區間的新幹線費用也不高，只要鮮少或不使用新幹線，在南東北旅行不一定得使用 JR EAST PASS。

新幹線的疾馳快行，抑或鄉間一人列車的在地風情，都是旅行的多樣體驗。畢竟一趟在地味的和風旅行，美景、美食或好湯不以價錢論定，不為挑戰里程數，而是善盡這張通票的美意，讓鐵道旅行充滿回味的點滴。

東北鐵道旅行大解密

## 10 個行前注意事項

2011 年東北新幹線全線通車，從東京出發來到最北端的新青森站僅 3 個多小時，2015 年北海道新幹線新函館站通車後，未來前進北東北可說更加便利。只是東北占地廣大，沿線除了縣府所在的大城市較熱鬧，不少因應新幹線開設的新站，人煙稀少，大部分得從新幹線車站再轉乘地方普通線或步行才能抵達景點，根據多年旅行東北的經驗，提供大家一些安排行程注意及參考的重點：

1. 行程安排不要太緊湊。

2. 從東京進出，第 1 天及最後 1 天住宿最好安排在東京市區，不要在搭乘當天以新幹線往返，以防新幹線有意外狀況發生，導致無法如期搭機返臺。特別是冬雪時期，班次容易延遲或停駛。

3. 以列車時間、巴士為行程規畫首要重點，若未能即時上網，最好事先查好前後班次以隨機應變。

4. 每到一處景點，養成習慣以「觀光案內所」為第一個到訪點，先了解地方即時資訊、地圖，不少案內所也有會英文、中文的服務人員。

5. 住宿溫泉飯店最好提早到達，東北夏季短，許多溫泉區下午 5 點就天色已暗，不好找路。

6. 東北的櫻花季較東京晚，多從 4 月中起至 5 月初，但花開期間短（從 8 分的開花日～滿開日僅 4 到 5 天），除了多注意「櫻花前線」更新，建議安排行程時，多預備鄰近幾處即使沒有櫻花也值得前

往的地點，如角館與北上若 2 擇 1，我會選擇前者。

7. 東北紅葉季較東京早，約 10 月中展開。紅葉名所除了盛岡城跡、弘前等市區城堡，其餘多在深山間，如奧入瀨溪、田澤湖，交通上比春櫻時更為不便，且多需轉搭巴士，記得將接駁方式、乘車地點及巴士時刻表預先查好。

8. 東北地方觀光客最多集中在夏日祭典期間，因活動為期短、日程集中，旅館、新幹線容易客滿，特別是祭典熱門、飯店較少的青森市、弘前市及秋田市，一定要提前規畫。

9. 使用 JR EAST PASS 進入車站時，需從有服務人員處出示通票進出，畫好位的車票則僅供新幹線車上座位及查票使用。東北地方列車班次，從新幹線到地方鐵道，班次都不頻繁，養成提早到的習慣，是不錯過列車的不二法則。

10. 東京、上野是出發前往東北的唯二車站，因這 2 站都屬地鐵、JR 及新幹線共構的大車站，得先進入新幹線閘口，加上月臺較遠，一定要預留 10 分鐘以上的步行時間。至於東北地方的新幹線站雖然規模較小，但不熟悉的初訪者最好提早前來候車，以防臨時狀況或錯過列車。

## 好用的交通網路平臺及 app 應用程式

日本有許多超好用的交通資訊網路平臺及 app，只要日文漢字相通，通常以中文輸入同樣可以使用，若遇到無漢字或漢字不相同，可先於網路查詢羅馬拼音，不僅搭乘車班資訊、花費時間、轉乘資訊、等待時間及車資一目了然，連價位、乘車時間比較，或車站周邊吃、住、買、玩資訊一應俱全。另也有提供直覺式地圖定點輸入法，解決外國觀光客不諳日文輸入的困擾，十分貼心。

最常使用、也最推薦的分別是由「乘換案內」及「乘換 NAVITIME」。「乘換案內」由知名的 Jorudan 公司所開發，它的網路版多年來一直是我最喜歡使用的，由 NAVITIME 開發的「乘換 NAVITIME」也同樣有網站及 App 可下

載，兩者功能類似。免費版就非常好用，只要在手機輸入起、迄站（出發、到着），即可快速查詢出所有交通方法，包括時間表、搭乘、轉乘路線、時間和票價等資訊。可以出發時間或預定抵達時間為條件。

查詢各種結果中，會出現包括「早」、「安」、「樂」這幾個小字，分別代表時間最短、票價最低、轉車次數最少的路線，也會有如「早」、「樂」，即代表搭乘時間短且轉乘次數少的意思，若持 JR EAST PASS，通常我會選擇「早」、「樂」的路線。

| App 應用程式<br>參考網址 | 1. 乘換案內：www.jorudan.co.jp/<br>2. 乘換 NAVITIME：www.navitime.co.jp/transfer/ |
|---|---|

## 善用車站置物櫃

在新幹線或 JR 各大車站內幾乎都可找到置物櫃，按大小空間不同，價格通常在 ¥300 ~ 600，鐵道旅行時十分方便，特別是東北地方旅行，扣除溫泉區，我習慣以主要城市為住宿地點，但若為順向移動，考量車距時間久，一般都不走回頭路，直接帶著行李移動，這時車站置物櫃最是方便。

在多數 JR 車站的置物櫃，還是得一一投入百圓硬幣，但若來到新幹線大站，置物櫃已全面改以中央電腦機器管理，只要輸入置物櫃號碼，即可以交通智慧卡如 SUICA 卡付款，十分便利。

不過觀光熱門季節時，置物櫃常一位難求，這時車站常會設置臨時寄物所，或臨近店家也會提供相同服務。費用上多不論大小，以件數計費，但保管時間也較短，通常配合祭典活動結束時間。建議櫃位滿時，直接詢問站務人員或觀光案內所，最是上策。

## 車站周邊住宿、一泊二食

東北旅行若從東京出發，因可選擇東京或上野站，所以東京地區的住宿我喜歡以東京 ~ 上野間，或周邊 3 站之距的車站為主，可節省車程，且同為 JR

體系，更可省去不同交通系統轉換車的問題。

來到東北，考量車程及景點，我會以大車站周邊住宿為主，搭配住宿特色溫泉鄉的一泊二食。便利轉乘的大車站，首選為新幹線與 JR 同時經過的各縣城市，如福島、郡山、仙台、盛岡、秋田等，唯青森縣因新青森站附近荒涼，青森站較佳，兩站間雖僅 5 分鐘車程，但班次少，要多留意轉乘時間。其他則可依不同季節、自己的行程，選擇 JR 車班多或主要轉乘車站附近的飯店，像弘前、會津若松都是我常選擇的住宿城市。

若欲前往東北交通不便或僅巴士可到達的溫泉鄉，習慣上我會另帶手持小行李，前後日預訂同一飯店，將大件行李寄存飯店（需先詢問飯店是否允許）。另一是寄放車站置物櫃（需先確認是否可放置超過 1 日）。特別是去奧入瀨溪流，JR 巴士座位不大，楓葉旺季時車內擁擠，加上習慣途中下車，這方式會讓旅行更輕便。

而許多人喜歡體驗的一泊二食，預約前要留心料理菜色，山中多以山菜料理聞名，常可見到生馬肉、鹿肉鍋或熊肉等不見得所有人都可接受的肉類，建議先詢問是否可更換菜色，避免到了現場不敢吃，讓主人誤以為料理不佳的尷尬場面，自己也得餓肚子。另外，溫泉住宿多有固定的用餐及溫泉使用時段，入住時記得確認。

## 線上訂房 So Easy

拜網路發達之便，從便宜的國民宿舍、地方民宿、商務飯店、高級溫泉旅館等，都可透過網路平臺直接預訂住宿，要搜尋各飯店的早鳥專案、組合優惠，參考網友口碑到人氣景觀房間，都十分方便，各住宿網站在競爭下，也都有自己的促銷或會員點數累積可供選擇。

可理解日文者，以日文網站訂房，除了價格多數較優惠，絕大多數都不需信用卡資料，當然，若不入住，一定要記得上網取消。

至於國際訂房網站，通常有英文或繁體中文介面，適合不諳日文的使用者，

尤其國際訂房網站還有許多其他國家的住宿，可一起累積住宿點數，總體而言可能更為划算。只是國際訂房網站雖常有優惠價，及部分飯店可免費取消，但線上刷卡時，信用卡公司多會另收取刷卡手續費，退訂時也相同，加上平臺服務費，訂房前要多加確認。

當然，訂房價格沒有絕對值，即便日本有打出最便宜口號的住宿平臺，早年雖曾使用，但幾回下來，發現飯店數略少。而日本訂房網雖多數較國際訂房網優惠，但是許多國際訂房網的早鳥促銷價，常常也便宜到讓人不可置信。唯有早訂、鎖定喜歡的飯店多比價，才是最好的辦法。

以下幾個主要訂房網供大家參考，在日本我主要以 Jalan、樂天、一休為主，部分溫泉飯店直接在官網預訂最便宜，商務飯店東橫 inn 在東北地區均在各車站附近，因持有會員也經常使用。因常出差到國外，則以 Agoda、Hotels.com、Booking.com 最常使用。

| 日文訂房網 | 1. Jalan：jalan.net<br>2. 樂天旅遊網：travel.rakuten.co.jp<br>3. 一休網：www.ikyu.com<br>4. 東橫 INN：www.toyoko-inn.com |
|---|---|
| 國際訂房網<br>（中文版） | 1. Agoda：www.agoda.com/zh-tw<br>2. Hotels.com：tw.hotels.com/<br>3. Booking.com：www.booking.com/index.zh-tw.html |

## 掌握氣象，了解季節風情

日本地形屬於長型列島，四季分明，不同季節前往，風景、季節花卉差異甚大。東北地方除各縣緯度不盡相同，臨太平洋的福島、宮城、岩手縣，與面日本海的秋田、山形在雪雨方面，差異更明顯。

臺灣人熱愛的櫻花季節，東北因盛開期不長，加上全球暖化現象，連向來準確的日本氣象廳，每年光是櫻花前線都得更新多回。也因此，旅行前能做的就是盡可能收集資料，至於能否如願，只能交給上天安排，得失心降低，旅行處處所見便盡是美景。

## 一起參加東北的四季祭典

旅行中，我喜歡加入觀光
單位、旅遊情報雜誌的網站，
即時又好用。尤其「東北祭典
網」以東北地方為範圍，依四
季在地圖上清楚標示各祭典名
稱及日期，即使不是以祭典為
重點的主題旅行，若能在旅行
期間巧遇地方特色祭典，也絕
對會永生難忘。

祭典熱鬧非凡！

以下整理出我常使用的幾個天氣網站，除了提供氣象預測，針對最難的櫻
花預測，各網站也有專頁隨時更新，對於出發前、旅行中都是很好的參考指
標：

Weather Map：www.weathermap.co.jp/
櫻花開花預測：sakura.weathermap.jp/
日本氣象協會：www.tenki.jp/sakura/expectation.html
日本氣象株式會社：n-kishou.com/corp/

觀光、旅遊情報網站：
日本觀光振興協會：www.nihon-kankou.or.jp/
るるぶ 季節特集：www.rurubu.com/season/
東北祭典網：www.tohokumatsuri.jp/

和當地人一起同歡吧！

第 二 篇

福島縣
ふくしま Fukushima

# 重生的福氣滿開之島

## ⊜ 行程建議

1. 新幹線上的福島、郡山市觀光景點較少,可搭配山形、宮城一併規畫;春櫻季節,可以東北本線沿線櫻花名所為主。

2. 磐梯高原的豬苗代湖、五色沼等可擇一地住宿2天1夜。適合造訪時節除非為了滑雪,否則較推薦夏、秋季。

3. 會津地方距離福島市區較遠,一是以磐梯西線沿線一起安排,二是可與東京、日光、新潟地區串聯成5天4夜的旅行。特別是若要前往會津鐵道上的大內宿等地,因車班少、又非下車即可抵達,除注意列車時間,行程安排也不要過度緊湊。

## ⊜ 住宿建議

福島市及郡山市車站附近有許多商務及大型飯店。但若目的地為磐梯高原或會津若松地區,因距離較遠得再轉乘巴士,建議住宿當地更方便。磐梯一帶溫泉住宿多,會津地區則從商務飯店到高級溫泉旅館都有,選擇多且價格亦不高。

## ⊜ 旅遊小叮嚀

東西走向的福島縣,地形上切分成3區,氣候差異大,前往西側高原或湖區會較東側溫度低。行程安排可以西部城市為主,福島市區觀光則可留宿仙台,當日往返亦可。

## ⊜ 參考網站

福島縣觀光官網:www.f-kankou.jp/tw/(含繁中版)

福島市<br>ふくしまし

來到福島市，20 分鐘不到的車程，就可抵達同樣位居市區的「花見山」，井然有序的市街瞬間被遠山環抱，彩色花田取代民宅，有如誤闖桃花源。嚴格說來，花見山並非山，而是阿武隈川支流流經福島盆地東緣時，形成的丘陵高地，標高僅約 110 ～ 180 公尺。

但能有福氣前來，最要感謝的是土地所有者的美意，這裡是花卉園藝農家「阿部一郎」的私人土地，他將這一帶農家花卉園區泛稱「花見山」。阿部家族最早從養蠶業開始，之後產業蕭條，轉而種植及經營花卉，歷經關東大地震、二戰後，希望能盡一己之力為日本帶來元氣，而於 1959 年 4 月免費開放給市民同享，還自費修築燈籠、茶屋、展望臺等造景，但這裡是花卉園藝而非公園用地，因此園區內

私人花園無償開放，讓大家共賞。

禁止野餐，得以健行、登山方式，走進山中花園美景之中。

冬雪消融後，東海櫻率先綻放，開啟春日序曲，梅、桃、染井吉野櫻、連翹、山茱萸、木槿花等陸續接棒，色彩層次起落，少了刻意的修枝剪葉與造景，花見山裡見櫻是櫻、也非櫻，濃淡不一的粉紅層次裡，穿插著深淺黃色花種，光一灑下，風一撩起，如水彩淡墨在天地間即興作畫。讓已故攝影師秋山庄太郎將它形容為「福島的桃花源」，年年前來。自此花見山人氣扶搖直上，每年此時還得進行交通管制、動員人力，才得以消化大量的觀光客。

### 花見山賞櫻，輕鬆寫意

不同於東北其他櫻花名所，花見山公園是當地花卉園藝家辛苦耕耘的結晶，融入福島這片大自然中，一下車，眼前這片粉色的水墨山景便教人心胸開闊。出發前來的清晨才剛下過大雨，但心已所想，便義無反顧前來，下了巴士，天氣瞬間放晴，抬頭望向天，一側依舊烏雲密布，一側已高掛藍天白雲，從停車處行經多處花田，陽光使勁地從厚重雲層裡擠出光芒，拋灑在淋

濕的曲徑與整片油菜花田，一暗一亮，幾分詭譎，平日覺得刺眼的陽光，此時溫暖又躍動人心。

山景逐漸拉近在眼前，才發現 10 分鐘不到的路程居然花了半個多小時才來到入口處，跨過胡桃川，各品種櫻花與農家形成一處處小聚落，一個轉角一聲驚嘆，又近半個小時後，才驚覺原來我才來到入山口，花見山可是連半步都還沒踏入呢！花見山依山路分成 30、45、60 分鐘的路程，不費體力，只是雨後山徑泥濘，部分山面較陡，但貼心的主人已備好手杖、傘供前來的民眾使用，出口處也設置刷把及水龍頭，方便大家下山後先清理鞋面再返程。

## 花卉與景色相映之美

園區花卉園藝主要為商業用途，採摘時會自地面 1 公尺以上切斷，因此形成樹形高低各有差異，極細的枝椏上方開花密集度高，遠看如倒掛的細筆上，開滿各式粉彩小花。

在 45、60 分鐘路程的交叉點，因位居山坡斜面，眺望整座花見山粉櫻時，視野最寬廣，一轉身，吾妻連峰包圍著福島市區，壯麗山景與日常百姓風景盡收眼底。

來到丘陵制高點的展望臺，視野所及，滿山遍野的春花田裡，藏著農舍的迷人風景，望著雨後天晴，陌生的山徑與不尋常見的山景，風一招搖、陽光便玩起捉迷藏，流竄在花團錦簇裡，形成一幕幕不斷更換的浮光掠影。

1　櫻花曲幽小徑，教人忘卻煩憂。

2　滿山花色如調色盤繽紛。

1　加油！福島。
2　巨大山車，也叫「屋台」。

## 祭典吶喊聲中，為福島加油！

　　對於復興之路，福島人注定得腳踏實地的走完。東北六祭中代表福島的「草鞋祭」，每年約在 7 月底、8 月初舉辦，源自於護佑雙足矯健的足尾神社裡，奉納這只堪稱日本第一的大草鞋，長 12 公尺、重達 2 噸，得出動多位壯丁才能抬起，昔日因信眾得長途跋涉前往伊勢參拜，因此出發前便先祈求有著健壯好腳力，衍生成今日福島祭典特色，現今更擴及無病消災、五穀豐收、生意興隆等諸願。

　　曾於臺灣的燈會交流活動看過此慶典儀式，卻始終無緣在福島參與。倒是意外參加了當地的「福島縣北山車祭」。這是福島著名的秋日祭典，「屋台」

巨大的草鞋登場！

更是當地的秋日風物詩，不過這裡的「屋台」並非一般所指的攤販，而是山車，更精準的說法，應是昭和年間由（1956年）由當地工匠「八木澤規矩夫」制定而成的「踊屋台」，兩層式舞臺，2樓多是小朋友在祭典中表演舞蹈時使用。311震災後，福島市民曾憂心這樣的文化遺產會消失，因此於2014年時成立「福島踊屋台傳承會」，並建立傳承館。

祭典當天下午，20餘輛大型山車集合於福島站前，沿著市區主要大街一一停放，各隊不時在山車上敲敲打打，練習一番。待傍晚華燈初上，熱鬧的山車祭正式開始，各山車沿著主要街區巡迴演出，吸引市民一同參與，有趣的是，比起其他地方，福島山車祭裡有許多小朋友一起演出，不論是囃子演奏或舞臺車演出，都使勁全力，完美呈現。大草鞋也成為祭典中的亮點，數十位壯丁如抬山車地，在快、慢節奏的激情衝撞下，同樣衝擊人心。讓人忍不住也想吶喊一聲：加油！福島。

| 福島市 |
| --- |
| ⌂ 福島市栄町1-1（觀光協會）。 |

| 花見山公園 |
| --- |
| ⌂ 福島市渡利字原17。 |
| 🚗 1. 東京前往福島站，搭乘新幹線「山彥號」，車程約1小時35分鐘。山形、仙台市前來也各有新幹線。<br>2. 於新幹線「福島」站下車，花見山賞櫻期間，可於東口搭乘接駁巴士或福島巴士（渡利南巡迴）前往。 |

@
福島市觀光：www.tif.ne.jp/
花見山：www.f-kankou.jp/
hanamiyama.htm
草鞋祭：fmcnet.co.jp/waraji/index.
html（每年舉辦時間，請先上網確認）
福島市祭典：www.city.fukushima.
fukushima.jp/soshiki/16/matsuri.html

註　花見山及福島市區櫻花季為4月中旬；
景點所需時間：2～3小時。

三春瀧櫻
みはるたきざくら

**壯**觀的櫻花隧道，是春之浪漫的所有想像，但千里迢迢只為一株櫻樹前來，靜心凝觀的便是背後那堅毅的生命力，足以撐起這趟追尋旅程中，漫長而帶點孤獨色彩的路。

從東北新幹線轉乘磐越東線，短短不到 20 分鐘便可前來三春町，「三春」之名得之有理，梅花、桃花、櫻花對天地允諾，每年春天相約同時綻放。

搭乘巴士奔馳於山丘坡地間，不時東一株、西一株，沒有長長河堤或町家襯托其壯麗或柔媚，三春町裡的櫻花如同小鎮風格，純樸、自在無拘束。至於最具代表性的一本櫻「三春瀧櫻」，則位於郊區偏遠地，得搭乘臨時開設的接駁巴士才到得了。

瀧櫻如瀑布流瀉，與油菜花輝映

## 特為一株千年櫻花而來

「三春瀧櫻」每年高居全日本櫻花名所前一、二名，與弘前城不分軒輊，但花期難預測，鮮少只為一株櫻花特意前往的我，在數回與盛岡「石割櫻」相遇後，改變對於一本櫻的想法。「三春瀧櫻」是江戶彼岸櫻品種的紅枝垂櫻，與並列日本三大名櫻的岐阜縣「根尾谷淡墨櫻」（樹齡 1500 年）、山梨縣「山高神代櫻」（樹齡 2000 年）相較，雖樹齡最年輕，卻也達千年之譜，早在大正 11 年（1922 年）時，就已被正式指定為國家天然紀念物。

盤根錯節的樹根，巨大的主幹，延伸出諸多細長枝椏朝四方垂掛，廣及數十公尺，得靠木架撐起其重量。花開時，淡粉色花朵沿著枝幹垂近地面，狀如飛泉水瀑傾瀉而下，而得「瀧櫻」之名。

四周空濶，三春瀧櫻一枝獨秀立於丘壑間，在後方高地成排新色的櫻花陪襯下，三春瀧櫻更顯壯大，散發的卻是細膩的優雅氣質。繁花濃蔭蔽天，淡淡的花色，地面晶亮的油菜花如春日的小精靈，齊坐樹下，聆聽這千年物語

生命與智慧。

　　為了避免遊客踩踏樹根，櫻樹四周以線圈起，沿著動線步行一圈，剛好能360度欣賞百款姿態。站在正前方，碩大的樹型如向空中撐起的巨傘，延伸到鏡頭外，來到右側坡地高臺處，主幹分枝外，型如瀑水流瀉的樣貌，氣勢中端詳細緻之處，是我覺得最美麗的角度。繞上後方坡堤處，四周遠山層疊環繞，一旁成排粉櫻同樣惹人憐愛。

　　這是個被春天祝福的城市，不論是月臺旁成排的櫻木、街區知名老櫻、不知名的粉櫻，形形色色、樹齡各異的櫻樹教人心花怒放，接力延續著生命曲線裡的不同角色，為這小小城邑溢注滿滿的能量。

### 三春駒

　　源於一位名為坂上田村麻呂的人，因隨身攜帶的馬形護身符，總會在他遇上困難時，化身為馬匹來幫助他，成為當地傳統木雕工藝代表。除了玩具，小型馬也是育兒的護身符，保佑孩子平安成長。全身白漆的木馬則被視為長壽的護身符。離車站5分鐘車程的「高柴人偶（デコ）屋敷」便集合5家傳統民藝店，從購買到體驗課程都有提供。

郵筒上的小小三春駒。

| 三春瀧櫻 | |
|---|---|
| ⌂ | 三春町大字鷹巢字瀨山 213（觀光案內所） |
| 🚗 | 1. JR「郡山」站轉乘盤越東線至 JR「三春」站下車。<br>2. 櫻花季節可於車站前搭乘「滝桜」號臨時巴士，前往三春瀧櫻及市區重要景點（另於假日有免費接駁巴士直達會場）；平日則以租借單車或計程車為主。 |
| $ | ￥300（自開花宣言後收費，每日 6：00 ~ 18：00，另有夜間點燈至 20：00） |
| @ | miharukoma.com |

註 櫻花季節多在 4 月中、下旬；景點所需時間：2 ~ 3 小時（含市區）。

**東**北地方的大山大湖，極盡壯闊，在在讓人如走進絕景畫作中，連從郡山轉乘磐越西線，一路上窗景如掛上明信片，連綿的紅葉繽紛山巒在景框中靜靜流動，未曾被快門所定格。

### 豬苗代湖如天鏡般清澈

　　同屬磐梯朝日國立公園腹地，在磐越西線的「豬苗代站」下車便可來訪豬苗代湖、五色沼，但兩處以磐梯山為分界，豬苗代湖位於山麓南側，五色沼則在山麓北側，接駁巴士各是 2 條路線。

　　湖水澄澈、平靜無波，如一顆明珠嵌在福島縣中央位置的豬苗代湖，標高 514 公尺，是境內最大的高山湖泊，名列日本第 4 大湖（第 3 淡水湖），湖

豬苗代湖清澈有如明鏡。

水透明度高，晴天時倒映著磐梯山群英姿，有「天鏡湖」美譽。

　　豬苗代湖夏日水上活動發達，冬日白天鵝飛境停留，我到訪的春日，靜謐迷人，天氣舒爽，歷經過嚴冬的寒與澀後，銀爍殘雪的遠山映照著路旁數株稚嫩的粉櫻，等著枝芽抽出，歡迎新綠的生之頌。

　　豬苗代湖的美，曾吸引昔日大正天皇前來居住，每日自窗戶眺望美麗湖景，並將這棟文藝復興樣式的別墅命名為「天鏡閣」。如今百年建築列入日本重要文化遺產，當年種植的樹林更是高大成林，已無法從館內望見湖景。

　　除了自然美景，豬苗代也是日本家喻戶曉的醫生野口英世之故鄉，1900 年赴美研究後，他成為黃熱病細菌的代表學者，卻不幸於非洲研究時染病離世。為感恩他對世人犧牲奉獻的精神，除了在出生地建有「野口英世紀念館」，陳列其生前研究文獻資料、愛用品與家人的溫情往返書信。他的肖像更於2004 年時，取代文學家夏目漱石，登上新版千元大鈔。

磐梯山有「會津富士」美名。

## 諸神遺落山間的調色盤

　　磐梯高原北側稱為「裡磐梯」，磐梯山巍峨聳立其間而得「會津富士」美名，這座活火山曾在 1889 年明治年間發生大噴發，流出的熔岩堵塞河川，形成檜原湖、小野川湖、秋元湖及高達 2、3 百個大小湖泊。泥土中大量礦物質溶進水中，加上陽光照射等問題，讓湖水色澤產生各式微妙變化，其中以「五色沼」最為代表。

　　這條五色沼自然探勝路線，從入口處來到終點檜原湖，全長 3.6 公里，兩旁山林密布，步道平坦，1 個多小時便可輕鬆走完。從入口處的毘沙門沼來到終點的柳沼，雖源自同一上游，但因水中礦物質酸鹼度、泥土酸化不同，湖水色澤也不同，而有「小九寨」美譽。

　　五色沼中最大、最深的「毘沙門沼」，是唯一可乘坐小船的湖沼，還有壯觀的磐梯山做為最美麗的入鏡背景。五色沼中最小的「赤沼」水色釉綠，由

1 毘沙門沼。
2 毘沙門沼是唯一可乘坐小船的湖沼。
3 天鏡閣是大正天皇度假所。
4 野口英世就在此出生。

| 1 | 3 |
| 2 | 4 |

於水中硫酸與鐵質產生化學變化，讓周圍草林呈赤紅色而得名。「深泥沼（みどろ沼）」裡，碧綠色彩源自於水中繁多的植物，其土壤含鐵量高而酸化，有如鏽鐵般的赤土，讓湖水混合多種水質，色澤變化多，十分神奇。

「弁天沼」是面積第 2 大的沼澤，設有展望臺，天氣好時可欣賞遠山倒影。池水中含有亞硫酸的地下湧水，又有瑠璃沼及青沼注入，水色變化極為豐富。但流至下游的「龍沼（竜沼）」時，又轉成弱酸性，水色與一般湖水大抵相同，因斷木橫傾有龍之姿，而取其名。另一說是灌木斷枝太多，形成數個如龍身之形的小瀑布而得此名。

「瑠璃沼（るり）」水脈特殊，混入含有強酸性的地下湧泉與溫泉，與碧藍色的「青沼」水質相同，但後者因形成年間及不同泉質混合比例不同，兩者色澤各不同，據說百年後，青沼便會漸漸形成現今瑠璃沼的色澤。倒是這條探勝路最後一個「柳沼」，水源與五色沼無關，因此水色接近一般湖水。

薄雪未褪盡的春日、豪雪瞬間覆滿楓林的秋日，總讓我驚嘆季節轉化腳步如此快速的磐梯山，是福島縣的守護山，《萬葉集》中曾詠歎磐梯山是「抵達天上磐之梯」。不論是澄澈可映山姿的豬苗代湖、神祕多彩的五色沼，夜泡暖湯、日賞天地美景，上帝、諸神佛遺落於山間的調色盤，是預藏的驚喜，在四季為旅人逐一揭開所有的豐盛。

---

**豬苗代湖、五色沼**

🚗 1. 從東京出發，於東北新幹線「郡山」站轉磐越西線於「豬苗代」站（約 40 分鐘）下車。
2. 往豬苗代湖及紀念會館，可於車站前搭乘前往「金の橋・会津レクリエーション公園」方向之巴士，「野口英世紀念会」站下車。
3. 往裡磐梯、五色沼，可搭車往檜原湖方向之會津巴士或磐梯東都巴士，於「裡磐梯高原駅」、「五色沼入口」站下車。（註：從 JR 喜多方車站前，亦有巴士直接前來）

$ ￥300（自開花宣言後收費，每日 6：00 ～ 18：00，另有夜間點燈至 20：00）

@
野口英世紀念會：www.noguchihideyo.or.jp/
豬苗代觀光協會：www.bandaisan.or.jp/
裡磐梯觀光協會：www.urabandai-inf.com/
磐梯東都巴士網址：www.totobus.co.jp/bandai/timetable.html

註 磐梯高原因冬日積雪多，五色沼建議 4 月下旬後來訪，才能見到沼澤色彩。另楓葉季節為 10 月底～ 11 月上旬；景點所需時間：各 2 ～ 3 小時。

據說百年後，青沼就會轉換為琉璃沼的顏色。

1　赤沼。
2　瑠璃沼水脈是地下湧泉與溫泉。

## 會津若松（鶴城）
### あいつわかまつじょう（つるがじょう）

從福島市往西來到磐梯高原、會津地區所需車程耗時，但這裡豐富的大自然景觀及歷史文化風情，絕對值得花時間前來。

### 如白鶴飛落地面

會津若松市是福島縣會津地區的核心城市，市區不大，主要以「會津若松城（鶴城）」為首，古色古香的街道，城垣造景、藏造倉庫淡淡流露著昔日城下町風情，1 天便可走完城坦、七日町藏造屋街、會津武家屋敷及飯盛山。

遭逢會津大地震，天守閣崩塌後，今日鶴城模樣是在加藤藩主時代建立的，對建築有專精的他下令改建為 5 層高，並增築西、北出丸強化城堡結構，爾後在歷代藩主接連地擴建、修繕下，鶴城成為「難攻不破」的堅固名城，即便 1868 年爆發戊辰戰爭，維新政府龐大的軍隊來到城下，與舊幕府勢力的會津藩士在此展開悲壯慘烈的對決，也足足讓敵方攻堅近 1 個月。最後因難敵眾軍，會津藩投降認敗，

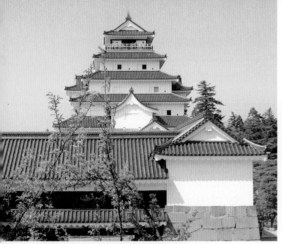

| 1 | 2 |
|---|---|
| 3 | 4 |

1　若松城整修後，復原為紅色屋瓦。

2　登上天守閣，可看見「走長屋」、「干飯櫓」城牆。

3　べこ為東北地方「牛」的方言，自古以來，會津人認為紅牛（赤べこ）可以帶來幸福、保佑小孩，是當地鄉土玩具，更是吉祥物。

4　縱貫福島的磐越西線觀光列車「あかべぇ」車體也塗繪了喜氣洋洋的紅牛，車內更結合當地歷史、美學及地酒試飲等，帶著旅人走進會津物語。

但鶴城的主體依舊固若金湯、屹立不搖，只是這一戰卻帶來城毀之末路。為避免地方勢力再起，明治時期遭新政府下令摧毀，會津地方也因這一戰，進入疾病叢生、土地一文不值的黑暗年代。

所幸城壕、土壘、石垣牆未遭過度破壞，完好地保留400年前的模樣，在當地市民強烈要求下，昭和40年（1965）時重新修築、復原後，讓這如白鶴優雅，卻又堅毅無比的鶴城，再次成為今日會津地區的象徵，並在平成年間列入「百大日本名城」的第12座。

會津若松站前的少年雕像，是紀念戊辰戰爭中奮勇迎敵的會津若松武士道白虎隊隊員。這群由 16、17 歲青少年所編成的生力軍，苦戰至最後一刻，彈盡糧絕，守城淪陷在即，近 20 人集體在飯盛山切腹自盡，最後僅 1 人獲救。

　　2011 年鶴城進行整修，將瓦簷由黑瓦復原為紅色，少了武家的肅穆，潔白亮眼，漸漸擺脫昔日悲情，加上 NHK 大河劇《天地人》、《八重之櫻》連番上映，讓當地也跟著掀起另一股歷史旅遊熱潮。

　　現今的天守閣內部展示城樓歷史、昔日會津藩主的生活、作戰配品及明治維新戰爭等，登上頂樓展望臺，一方是群山包圍的會津盆地及市街風景，一方視野正好落到若松城的「走長屋」、「干飯櫓」城牆，遠近風景各自有貌，盡收眼底後，倒讓人為這悲傷的歷史稍鬆了口氣。

　　會津人以耿直認真、堅忍不拔的精神著稱，在會津浪漫號車上，透過車窗，突然望見當地人揮舞著「八重之櫻」的旗幟，要我們一定要再來訪，冬雪未融盡的天寒地凍下，看到這一幕，眼眶不禁濕潤，揮揮手，一定的，不論是會津人、福島人，永遠是我心中最堅毅的日本武士代表。

## 會津若松

⌂ 福島県会津若松市追手町 1-1

🚗 1. 東京出發，搭乘東北新幹線「やまびこ號」在「郡山」轉乘磐越西線至「会津若松」站。
2. 車站前可搭乘會津觀光巴士（まちなか周遊バス，有含ハイカラさん（high collar)/「あかべぇ（紅牛號）2種車款」（單趟 ¥200；一日券 ¥500）至「鶴ヶ城入口」站，步行 5 分鐘即抵；或自車站步行 20 分鐘，或以日租自行車皆可到達。

🕐 開放時間：8：30 ～ 17：00。

$ 天守閣門票：大人 ¥410；小孩 ¥150。

@
鶴城：www.tsurugajo.com/turugajo/shiro-top.html
會津若松觀光：www.aizukanko.com/
會津巴士網址：www.aizu.com/bus/

註 櫻花期間為 4 月下旬（較福島其他地方晚一週左右）；景點所需時間：鶴城為 1 ～ 2 小時。

喜多方
きたかた

位於會津若松市北側的喜多方，昔日稱為「北方」，因是日本重要的糧倉要鎮，有「藏之町」之名，日文的「藏」為倉庫之意，當地流傳的老話「北方8萬石」（約莫1.4萬噸）正是描述其規模之大。

　　喜多方是極適合漫步的小城市，白壁、烏瓦組合成的老倉庫，像是誤闖時光隧道來到江戶、大正年代，原是從觀光地圖中準備依著指示，尋找藏造屋名店，但人已置身在這歷史美術街區，是不是名店似乎不那麼重要，倒是風格咖啡館店不能不去、老鋪不能不參觀，當然，來到三大拉麵之一的喜多方，這一味同樣不能錯過。

### 喜多方男人的浪漫

　　每年自山形、福島縣交界處的飯豐山上流下的雪

在喜多方散步實在有趣，從車站、郵筒，甚至連垃圾丟置，都完整表達城市特色，比起古倉庫群毫不遜色。

水，帶來甘美泉水，讓喜多方自古以來以生產良米著稱，造酒、醬油及味噌等產業同樣發達，為貯存這些重要民生物資，而蓋有大量倉庫。倉庫建築不同於一般屋舍，屋瓦、建材、壁質得堅固，具防潮、防火功能，還得冬暖夏涼。喜多方當地有句諺語：「40歲以上還沒建造過倉庫者，是男人之恥。」對當地男性而言，自建倉庫是他們夢想的結晶，因此投以相當大的熱情，以不同建材的白壁、漆喰（水泥）、門扉、煉瓦等，打造具自我風格的倉庫，表現個人美學思維。

雖歷經戰爭天災，難得的是這一帶仍保有超過4000棟倉庫建築，且半數以上都是可使用的活古蹟，堪稱福島鎮縣之寶。這些老倉庫有些仍是營業中的百年老鋪「店藏」，有些是當地人的自有住宅「藏座敷」，更多改建為美術館、咖啡館、藝品店，滿街的老舊倉庫屋，成為歷史的說書者，逛來極有意思。

「喜多方藏之里」是倉庫群集中地，介紹當地藏造倉庫屋歷史，也有多座保存完整的倉庫可參觀。

　時間充裕者，更建議來到藏造建築群密集的南町通，改建自廢棄地酒倉庫的「藏見世」，正面以白壁取代瓦簷、門扉，內部厚重的樑柱是昔日酒造廠時所留下，是餐飲空間，也是刻字家高橋政巳的藝廊。創業於1755年的醬油味噌製造廠「若喜煉瓦藏」已列入為國家有形文化財，1樓販售自家釀的古傳祕方醬油，各式當地民藝品及和風雜貨，最值得一看的是以「縞柿」建造的藏座敷，縞柿是柿木中的一種，木紋獨特，十分珍貴。其他包括「小原酒造」、「若喜商店」也都各有特色，均免費開放。

　風格殊異的倉庫構成獨樹一格的城町街景，是世代最美的傳承，比起東京許多藏造老街，喜多方屋數多、觀光客相對少，時空交錯出來的景物，也就更讓人印象深刻了。

## 日本三大拉麵之一

　喜多方的拉麵與北海道札幌、九州博多並稱日本三大拉麵，街區掛著老招牌的製麵所、拉麵店櫛比鱗次，現場來一碗，還可外帶麵條、真空包裝的湯頭，家家有招牌，口味任君喜好做選擇。

1 位於藏之里，明治初年開業的「笹屋旅館」，內裝部分改建成「喜多方藏座敷美術館」，館內展示許多竹二夢久的作品。

2 藏見世昔日為造酒廠。

3 「若喜煉瓦藏」已列入為國家有形文化財。

1　若喜商店。
2　小原酒造販售當地特產酒。
3　喜多方拉麵湯頭不油膩。

喜多方拉麵的起源，相傳是一位中國人看中當地的好水質，製成麵條及湯頭後，以攤販車沿街叫賣，打響名號後，當地拉麵店便如雨後春筍般冒出。造訪過發祥店「源來軒」、排隊店「坂內食堂」及網路發燒店「滿古登食堂（食堂まこと）」，或許非假日及旺季，客人雖魚貫進出，倒也完全不需排隊。三家各有特色，若真要比較，我較喜歡滿古登食堂。喜多方拉麵特色在於以豬骨、小魚乾混合，加入祕傳醬油熬煮成湯底，金黃色湯汁看來濃郁，嘗來卻清淡不油膩，粗而扁平狀的手工麵條吸飽湯汁精華，Q彈好吃，筍乾、蔥花、薑絲豐富味覺，油脂豐富的豬肉片舖滿整碗是最大特色。

除了味噌、醬酒及地酒，喜多方還盛產漆器、桐木工藝品，從美術博物館，到街上店家內陳烈的各式民藝逸品，小小的街區，藏有這麼多獨到的地方美學深度，若說有什麼必買、必看或必吃的，還不如說，跟著感覺挑間自己看對眼的拉麵店，對味的喫茶店，沉浸在這倉庫立城的特色街道裡，喜悅便自多方來。

| 喜多方市 |
| --- |
| ⌂ 喜多方市字町田下（觀光案內所，JR車站內）。 |
| 🚗 東京出發，搭乘東北新幹線「山彥號」，JR「郡山」轉乘磐越西線至「喜多方」站。市區各景點以步行或自行車最方便。 |

| 喜多方藏之里（蔵の里） |
| --- |
| ⌂ 喜多方市字押切二丁目 109。 |
| 🕐 9：00 ～ 17：00（12 月 29 日～ 1 月 1 日休館）。 |
| $ 成人、大學生 ¥400；小學～高中生 ¥200。 |

| 藏見世 |
| --- |
| ⌂ 喜多方市字三丁目 4830。 |
| 🕐 10：00 ～ 16：00 |

| 若喜煉瓦藏（縞柿）、若喜商店 |
| --- |
| ⌂ 喜多方市字三丁目 4786 |
| 🕐 9：00 ～ 17：00（11 ～ 3 月至 16：30）。 |

| 小原酒造 |
| --- |
| ⌂ 喜多方市字南町 2846 |
| 🕐 9：00 ～ 17：00 |

| 源來軒 |
| --- |
| ⌂ 喜多方市一本木上 7745 |
| 🕐 10：00 ～ 19：30（週二公休） |

| 坂內食堂 |
| --- |
| ⌂ 喜多方市字細田 7230 |
| 🕐 7：00 ～ 18：00（週四公休） |

| 滿古登食堂（食堂まこと） |
| --- |
| ⌂ 喜多方市 字小田付道下 7116 |
| 🕐 7：30 ～ 15：00（週一公休）。 |

@
喜多方觀光物產協會：kitakata-kanko.jp/
市內交通方式：kitakata-kanko.jp/access2/

註 喜多方市區遊覽所需時間：4 ～ 5 小時。

# 大内宿
おおうちじゅく

貫穿今日大內宿村落的下野街道（會津西街道），是江戶時代往來會津若松及日光今市的必經之道，因作為宿場町而繁華一時。明治期間鐵道、公路開通，宿場功能式微，這裡自此沒落，人煙罕至。也所幸因此，讓大內宿得以完整保存迄今，成為繼長野「妻籠宿」和「奈良井宿」後，日本第3個被指定為「國家重要傳統建築物保存區」的宿場町。為了觀光發展，當地村民自組振興會，販售自耕農產品、自製味噌、醬菜及手工藝品，也熱情為前來的觀光客烤上熱騰騰的岩魚、麻糬或名物餅，釀著數百年來的人情味與在地味，怎不回甘、不教人感動在心呢？

## 三大茅葺聚落之一

　　與岐阜白川鄉合掌村、京都美山町北村同列三大茅葺聚落的大內宿，雖家戶都以自宅兼店鋪做起觀光客的小生意，但村民為了保存聚落景觀，明訂規章，遵守「不租、不賣、不破壞」的三不原則。當地沒有為觀光而刻意營造的懷古器具，當然也沒有現代人所需的自動販賣機，村民們以自己的步調過生活，耕田種菜，讓旅客融入他們日常而真實的生活中，反而滿足了對懷舊的想像與憧憬。

　　全長 450 公尺的街道，兩旁是等距而建的 40 多棟茅葺民宅，這條時光隧道寬廣筆直，俐落得連風景也一眼盡收。一路細細品味這難得可貴的活資產，吃吃喝喝體驗在地滋味，不一會兒，人已來到盡頭處，沿著山徑往上爬，高臺處是俯瞰大內宿傳統建築群最美的視野，四周山巒層層疊疊，秋冬交接期，樹木枝椏外露，乾枯褐筆蘸了天空水色，渲染眼前深淺有致、光影交錯的水墨畫，讓我再次悠悠掉入江戶的美好年代。

1　熱騰騰的烤麻糬。
2　心型名物餅，模樣可愛。
3　「湯野上溫泉」站是日本唯一茅葺屋車站。

| 1 | 2 |
|---|---|
| 3 | |

| 1 | 2 |
| 3 | |

1 水溝流經的山泉水清澈冰涼、
  未受污染，許多店家將它作
  為冰鎮飲品的天然冰庫。

2 大內宿街道不長，一眼還能
  看見遠山。

3 村民做的手工藝品。

## 大內宿

⌂ 福島県南会津郡下郷町大字大内字山本。

🚗 1. 從東京搭乘「山彥號」於 JR「郡山」站轉乘磐越西線後，
     再於「會津若松」站轉乘會津鐵道線，於 JR「湯野上溫泉」
     站下車。
  2. 從東京「淺草」站出發，可搭乘東武鐵道搭快速列車至「會
     津田島」，轉乘會津鐵道，亦可到達「湯野上溫泉」站。
  3. JR「湯野上溫泉」站下車，轉乘計程車約 10 分鐘。（4 ~
     11 月間有會津鐵道及「猿遊號」循環巴士的組合優惠，
     巴士 1 日 6 班，因每年時間略有不同，建議先上網 www.
     aizutetsudo.jp/info/?p=95 確認，人多建議搭乘計程車
     較方便）。

@ ouchi-juku.com

註 1. 從東京前來大內宿，若自郡山轉乘前來，至少需 5 小時以
     上車程，建議先安排福島市區或會津若松等城市，隔日再
     前往。從淺草前往，時程較短，約 3 小時多，但同樣建議
     行程規畫可搭配鬼怒川溫泉附近景點。
  2. 景點所需時間：2 ~ 3 小時（含市區）。

# 塔林峭壁
## とうのへつり

特別搭乘「會津浪漫號」拜訪這嚮往已久「下鄉町」，復古列車奔馳在這片森林、溪谷交錯的山林中，悠揚的田野交響曲，和諧中卻鏗鏘有力，「日本原風景」美譽，名不虛傳。

名列日本的「天然紀念物」及「福島三十景」之一的「塔林峭壁」，地方方言「へつり」意指險峻斷崖。果然，一座座灰白色岩肌的塔狀奇岩，高聳矗立在岸邊，形色各異，自眼前一路向盡頭處展開，釉綠的溪川流經，深不可測，壯觀且震懾人心。

這存在已久的自然奇觀，屬大川羽鳥縣立自然公園的一部分，長年川水侵蝕風化下，形成長達200公尺的柱狀斷崖，是大自然百年來精心雕刻下的傑作，因岩石屬性不同，形成樣貌便各有不同，雖各

| 1 | 2 |

1　諸多奇岩怪石，等你來發掘、想像。
2　虛空藏菩薩是當地居民信仰。

有命名，也歡迎遊客發揮自己的想像力，各自定義及命名。

　　溪谷兩側以長吊橋連結，站在橋面上望向兩端，一邊是倒映塔林峭壁的河面景致，一邊紅橋高掛遠目之處，點綴遠方遼闊山色，大自然的鬼斧神工，讓人讚嘆。

　　過了橋後，拾階而上來到制高處，還有座鑿開石壁而建的寺廟，據傳洞窟中的奧院是奈良時代武官「坂上田村麻呂」所建，807 年便完成的本堂，祭祀虛空藏菩薩，直到 1753 年時才重建，自古以來一直深受當地居民所信仰。

　　在這座精心雕鏤下的天然寶藏裡，或許每一奇石裡，都有個美麗的靈魂，讓人心胸開闊，也刻畫進旅行的回憶中。

### 塔林峭壁

⌂ 福島県南会津郡下郷町弥五島下夕林。

🚗 1. 從東京搭乘「山彥號」於 JR「郡山」站轉乘磐越西線後，再於「會津若松」站轉乘會津鐵道線 JR「塔のへつり」站下車，步行 5 分鐘。
2. 從東京「淺草」站搭乘東武鐵道搭快速列車至「會津田島」，轉乘會津鐵道至 JR「塔のへつり」站下車，步行 5 分鐘。

@
www.aizu-concierge.com/map/spot/10115/

註　櫻花季節多在 4 月中～下旬；紅葉時期為 10 月中旬～ 11 月上旬；行程安排方式同大內宿；景點所需時間：1 ～ 2 小時。

## 福島縣鄉土滋味

### 拉麵

東北氣候長年寒冷，味道較偏鹹重，熱食的鄉土料理比其他地區多，因此東北人對拉麵極為講究，其中以日本三大拉麵的喜多方拉麵最具特色。以豬骨、小魚乾混合，加入祕傳醬油熬煮成湯底，清淡不油膩，上方鋪滿整碗油脂豐富的豬肉片，讓福島的喜多方市成為拉麵店一級戰區，小小市區居然有超過 120 家拉麵店，各家對湯頭、用料到製麵方式各有堅持，是福島代表的庶民美食。.

### 小雜煮（こづゆ）

源自於昔日會津地方的武士宴客料理，結合福島當地的山珍及海味，以大量鮮美干貝為湯底，加入芋頭、紅蘿蔔、麵麩、豆腐、香菇、木耳等，添入醬油、鹽、酒等調味料煮成，集合大量蔬果精華，味道清淡而鮮甜，有趣的是，事前準備食材時，當地人習慣以代表幸運的單數食材種類為主，食用時，則得用會津產的朱紅漆碗盛裝才是道地吃法。

### 柚子餅（ゆべし）

福島 3 大銘菓之一的「ゆべし」（Yubeshi），最早傳自西日本，在南東北一帶常可見到，唯作法略有不同。字義為「柚子餅」的ゆべし，在不產柚子的東北是以胡桃取代。江戶時代前，胡桃是珍貴的蛋白質及脂肪來源，因此成為珍貴的傳統和菓子。在福島多製作成立體三角型，裡頭包有餡料，除了傳統口味，也有抹茶、芝麻等口味，春櫻時節還有櫻餡料的限定品。

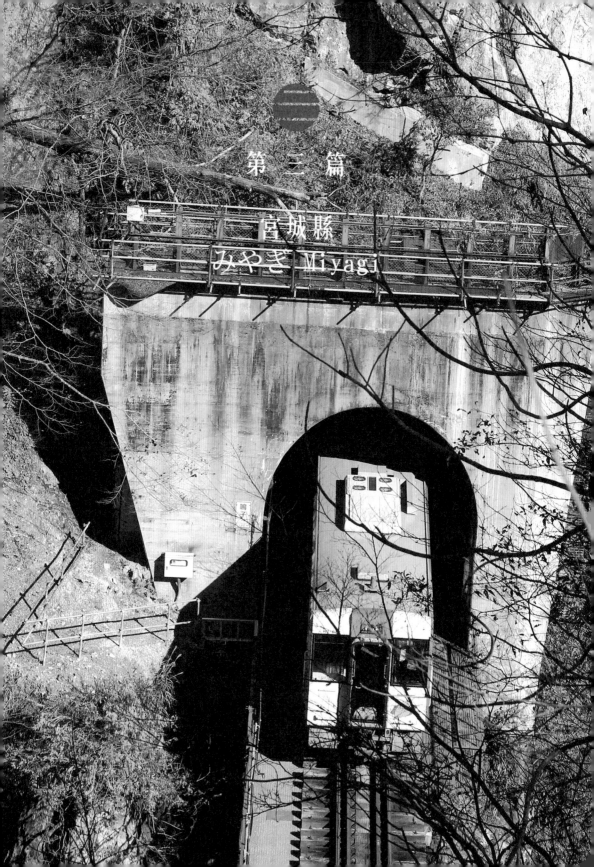

第三篇

宮城縣
みやぎ Miyagi

# 絹滴打造和平森林之都

## ● 行程建議

1. 仙台市區可安排 1 ～ 2 日，除市區景點，到櫻花季節名所或塩釜，皆可自仙台市區當天往返。

2. 松島海岸多為景觀飯店，若有預算考量或不想移動行李，自仙台市區當日往返亦可，但 2 天 1 夜行程會更充裕。

3. 仙台市至福島、山形縣有地方線直達，因有班機直飛仙台，可以加上宮城縣、山形縣，安排 5 天 4 夜，特別是南東北的花季期間較近似，除非需要大量使用新幹線移動，否則不一定需購買 JR EAST PASS。

4. 初訪者建議以東北新幹線沿線大站做為行程重點，沿路造訪仙台、盛岡、青森，再搭配 1 ～ 2 處溫泉旅行。

## ● 住宿建議

仙台市區的車站周邊有許多商務及大型飯店，若考量逛街購物方便，西口地鐵仙台站～勾當台公園站也十分便利。溫泉鄉除鳴子峽溫泉，可依景點時間決定是否選擇當地便利的溫泉住宿。

## ● 旅遊小叮嚀

宮城縣位於南東北，市區氣候較其他地方溫暖，1~2 月是主要雪季，若要前往郊區，要注意溫差、交通，目前部分災區未全面恢復通車，也請事先查詢。

## ● 參考網站

宮城縣觀光官網：miyagi-kankou.or.jp（含繁中版）

榴岡公園是市民最愛的花見地。

# 仙台市
## せんだいし

仙台市是東北地方第一大城，同時擁有地鐵及觀光巴士，加上從臺灣有定期航班直飛仙台機場，30分鐘內即可直達市中心，交通十分便利。仙台車站本身則如一座大商場，各式牛舌、壽司、伴手禮及甜點名店無一不來插旗，即便是轉車，也可輕易地「觀光」一番。

### 榴岡公園的療癒櫻花

從仙台車站出站，東口安靜、西口熱鬧，兩樣風情，從西口連街市街鬧區，飯店、商店街，旅行機能超便利。東口步行或普通列車1站之距，則可來到森林之都的心臟地「榴岡公園」。當年仙台藩第4代藩主綱村自京都帶回枝垂櫻樹苗1000株，開始在仙台一帶種起櫻木。敗後的日本，樹木衰老、人心惶惶，遍地荒涼，櫻花成了人民的精神支柱，當地

櫻花療癒人心，山茶花也值得一賞。

人拚命種樹，讓今日的榴岡公園綠蔭林布，每年春天枝垂櫻滿開之際，就成為市民最歡欣的花見地，園內以黑松並木聞名，四季還有梅、山茶花、藤等植物依時序交替綻放，聆聽噴泉彫刻鳴唱「森林之歌」，從戰後到災後，一直扮演市民心靈的復甦支撐。

## 青葉城傲視東北

從西口出發，搭乘市區觀光巴士來到高臺地的青葉山公園，尋訪仙台藩的昔日歷史。關原之戰後，1603 年伊達政宗受封仙台藩主，隔著廣瀨川，他選擇在青葉山高臺地而築建仙台城，又稱「青葉城」，規模雄偉，傲視東北。但隨著戰爭不斷，加上二戰時遭受空襲，全城盡毀。直到平成年間，才重新將舊城遺跡打造成公園。

現今除了大手門及高聳石牆，昔日建築已不復見，倒是獨眼龍的「伊達政宗騎馬像」成為主要名景點，不過原在 1954 年時為紀念伊達公逝世 300 年而打造的雕像，一度被送進金屬廢棄物鎔解，現存的是 1962 時重新打造而成，

仙台城規模曾傲視東北，可惜戰爭時被毀

英勇帥氣的騎馬英姿，成了仙台觀光的代表物。從這裡連接西公園，是仙台森林之都的象徵，更可眺望市區美景。

## 仙台購物天堂

來到仙台市，絕對少不了吃喝玩買。仙台購物街光是聲勢就夠驚人，從車站往西經過青葉通後，娛樂名掛丁（ハピナ名掛丁）、水晶之路（クリスロード）、大町大理石路（マーブルロードおおまち），三條商店街以橫向馬路為切分，一氣呵成，而且加蓋屋簷，從白天到夜晚，風雨無阻，最是熱鬧。來到街尾時，左、右兩側橫向連結一番町購物街（ぶらんど～む一番町）、一番町四丁目商店街，集結當地名物、老店，不用擔心沒有好物可買，只擔心體力、荷包足夠否。逛累了，步出大馬路，地下鐵「仙台站」、「廣瀨通站」及「勾當台公園」站緊臨在側，十分方便。

水晶之路上的「三瀧山不動院」是當地商店的守護神，祀奉福神「仙台四

1 「伊達政宗騎馬像」是仙台市代表物。
2 仙台商店街規模龐大，一整天都逛不完。
3 復古咖啡館充滿大正風情。

郎」，傳聞仙台四郎真有其人，笑容純真無瑕，會駐足店家，帶來生意興隆。1902 年仙台四郎仙逝後，在大正年間被後人奉為神祇，成為千客萬來的招福之神，其神力之說傳遍日本，今日在全國各地有許多飲食店都會供奉仙台四郎，祈求生意興隆。

　　仙台以魚板（蒲鉾）聞名，來到街底左側的「阿部蒲鉾店」發揮創意，將魚漿製成圓形，兩個為一串，外面裹上一層厚麵衣後，油炸而成「炸葫蘆球」，外酥內 Q 彈，是超人氣的平民小吃。

## 一番町購物街的復古屋台

　　拱廊購物街來到一番町步道街後，左右兩側各自展開，風情大不同。往左過了青葉通後，來到「SunMall 一番町」，隔著「餃子元祖 八仙」，兩條垂直的懷舊窄小巷道「文化橫丁」、「壹貳參橫丁」，原是戰後形成的露天屋台，逐漸發展為今日小型店面，兩條充滿大正老風味的在地飲食街，擁擠的招牌

掛滿天際線，不怎麼整齊的窄巷，餐廳、咖啡館、攤商、衣飾館林立，每家店面占地極小，最多僅能容納 2、3 小桌，不少還是站著用餐的立食，用餐環境十分侷促。我正猶豫進去與否，結果根本等不到我做決定，每一家早已高朋滿座了。

## 品味茶香，漫步林蔭

轉往北向的一番町四丁目商店街，不見頂上的購物拱廊，但人潮同樣擠滿街區，與魚板老舖「鐘崎」為鄰的「茶鋪 井之田（お茶の井ケ田）‧喜久水庵總店」，是仙台最受歡迎的茶行，在仙台有多家分店，也擴展至日本各國。

自靜岡嚴選的茶山新鮮採摘後，直送仙台的工廠進行烘焙、製成茶葉，茶香而味甘，店門口濃郁的抹茶霜淇淋更是排隊的人氣商品。茶鋪井之田不僅茶聞名，井之田因創業社長承頂茶道裏千家茶室，看中當地名水湧出，而以「喜久水庵」為品牌，發展出色澤繽紛的水果大福、喜久福麻糬，成為店內人氣品，在日本更有多間店舖。若夏季前來，可吃到在臺灣較少見、以番茄作為果凍或內餡的麻糬，是我最喜歡的季節味。

一番街商店街來到終點，便是市區最美的「定禪寺大街」，兩旁種滿高大的欅木，一邊是市民的森林公園「勾當台公園」，一邊可來到仙台媒體中心。沿著定禪寺大街，馬路正中央是一條林蔭散步道，高聳的欅木林蔭下，以伊達為元素的街燈，藝術雕像等距佇立其間，這條美麗大道與青葉通，冬日則成為「仙台光之樂章」的浪漫舞臺。

## 夏季詩篇「七夕祭」

至於仙台的夏季風物詩，則以七夕祭名聞遐邇。七夕祭從第一代藩主伊達政宗便開始，來到江戶時代後期更普及至一般市民。

不過今日的「仙台七夕祭」盛起於 1928 年，當時商店街為了提升業績，便在七夕祭前後製作長串的吹流、彩帶在商店街出入口為飾，吸引客戶進入店內，演變至今日成了各店家的正式競賽，每年活動期前選出金、銀、銅、優

1　定禪寺通綠意盎然的散步道。
2　商場懸掛的大型吹流，相當壯觀。

秀等獎項。七夕祭可分為前夜祭的花火節（8/5）及為期 3 天的本祭（8/6 ～ 8/8），每天傍晚於定禪寺通上，以山車、傳統舞蹈進行遊街。但最精采的還是商店街上的七夕彩飾，每年為了迎接祭典，早在 1 個多月前，各店家及機關團體就使出渾身解數，投入製作。

長達 10 公尺的竹竿上，以紙花彩球加上如流蘇的吹流，還有和紙做成的紙鶴、巾着、短冊及紙衣等也在其中，以傳統元素為底蘊的文化內涵，更多店家也將新式創意、品牌置入其中。手工逐一裁切、折疊而成的飾物，價值不斐，講究的 1 支甚至高達數百萬日幣，但一切都比不上投注其中的心意與祝福。

五彩繽紛的吊飾沿著商店櫛比鱗次排列，穿梭在這些長到擋住去路的彩飾間，讓人也樂得駐足欣賞，或繞進店家逛逛。不只商店街，每年 8 月，從車站到各景點，輕風一吹，流蘇般的彩帶飄揚空中，讓夏天的仙台市充滿活力。

和紙做的紙衣、紙鶴，充滿祝福之意。

　　仙台七夕祭的首日 8 月 6 日也是日本的原爆日，數十年來以「平和七夕」為訴求的活動中，每年皆會自日本全國集結超過百萬隻折鶴，其中 18 萬隻做成 5 串吹流，其他則做為他處的裝飾。我仔細看著商店街裡各式的彩飾、籤詩，感動著眾人的用心良苦，同時也驚訝著一隻隻紙鶴堆疊出來的美學力道，正是對未來最多的精神祝福。

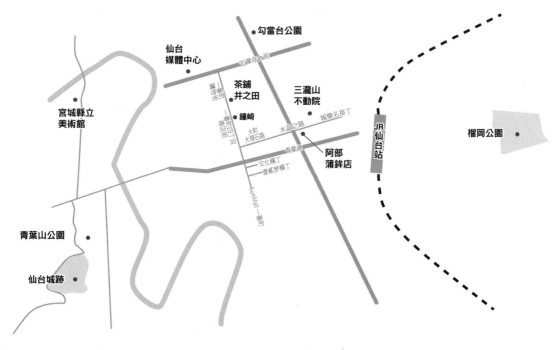

七夕祭。

## 仙台市

🚗 1. 從東京前來，搭乘東北新幹線於 JR 仙台站下站。
2. 從 JR 仙台站步行 2 分鐘即可到商店街，或地鐵「広瀬通」及「勾当台公園」站亦可步行 2 ～ 5 分鐘至商店街區域
3. 搭乘觀光巴士「ぶーぷる仙台」可前往各景點（除東口榴岡公園外）。一日券大人 ¥620/¥ 小孩 310；單程大人 ¥260 / 小孩 ¥130

註 景點所需時間：1 天或以上。

## 榴岡公園

🏠 仙台市宮城野区五輪 1 丁目

🚗 JR 仙石線「榴ヶ岡」站步行 2 分鐘或自仙台站步行 10 分鐘。

@ www.city.sendai.jp/kensetsu/ryokka/midori100/guide/041/041.html

## 青葉山公園

🏠 仙台市青葉区川内 1

🚗 觀光巴士るーぷる仙台於「仙台城跡」站下車即是。

@ www.sendaijyo.com/

@
娛樂名掛丁：nakakecho.jp/
水晶之路：www.clisroad.jp
大町大理石路：
www.chuokai-miyagi.
or.jp/~ohmachi/
一番町一番商店街：
www.vlandome.com/
阿部蒲鉾店：www.abekama.co.jp
鐘崎：www.kanezaki.co.jp
茶鋪 井之田・喜久水庵：www.ocha-igeta.co.jp/top.html
仙台市觀光：www.sentabi.jp/
仙台七夕祭典：
www.sendaitanabata.com/

# 伊東豐雄×仙台媒體中心

せんだいメディアテーク

以法文「收納媒體盒子（Mediatheque）」為名，仙台媒體中心如一座巨大水族箱，外觀以透明玻璃帷幕拼接而成，走進內部，僅 13 根如海草般的鋼管柱垂直支撐整棟建築結構，粗細不一的巨型白色管柱自地面向上攀升，融合在電梯周圍的設計方式，簡化內部建材元素，挑高視覺也靈活空間的運用。

當然這座城市水族箱有趣的還不只這些，以「媒體的便利商店」為定調，為了讓來館民眾都如進到便利商店般舒適自在，每層樓依功能發揮設計家具的創意，進到圖書館，如同步行在街區一般。

1 樓半開放式空間，延續定禪寺通的愜意，鮮豔的橘紅色管線是服務臺，咖啡館、文創商店則以黃、綠色鮮明色彩，讓人很容易辨識。偌大空間則成為不定期活動的舞臺；來到 2 樓，幾近透明的刊物書報架，讓雜誌一目了然，中空圓型桌、舒適的綠色

| 1 | 2 |
|---|---|
| 3 |  |

1 玻璃帷幕外觀有如巨大水族箱。
2 綠色造型椅讓室內更活潑。
3 大型橘紅色管線成為服務臺。

「媒體的便利商店」是媒體中心的概念。

三葉酢醬草座椅，對應天花板直線排成的燈管，打造輕鬆的視聽及書報閱讀空間；3、4樓的仙台圖書館，則各以鮮亮的紅、綠色不規則造型椅，讓民眾願意親近圖書館、以閱讀豐富生活；5、6樓則是藝廊，以不同的挑高空間，彈性運用各式學遊藝活動。頂樓的7樓則是視聽影像等專業出租及應用服務。

伊東豊雄向來以「遊牧」概念詮釋他的建築，柔軟而透亮的疆域取代建築向來強而有力的固態表現。他大膽地解放圖書館框架的桎梏，以探索環境、人的初衷，描繪出一幅更具體的都會理想藍圖，讓他以此建築獲得2002年威尼斯雙年展的終身成就金獅獎、世界建築東亞區最佳建築、年度建築業協會（BCS）等多項大獎，並在事隔多年，再一舉拿下2013年度建築普利茲克獎。

柔軟勝剛強。在這座充滿流動性的媒體中心，從外面即可透視內在的豐富，水草般不規則的管狀樑柱，為堅硬的建築外觀帶有柔美的通透感，來往訪客是一隻隻求知若渴的小魚，自由自在穿梭之間，讓建築空間隨時有新樣貌。

**仙台媒體中心**

⌂ 仙台市青葉区春日町2-1。

🚗 仙台市地鐵「勾当台公園」站下車（「公園2」口）步行6分鐘。

🕐 9：00～22：00（1月～11月每月第4個週四、新年期間休館）。

📞 022-713-3171。

@ www.smt.jp

註 景點所需時間：1～2小時。

# 船岡城址公園、白石川堤

ふなおかじょうしこうえん、しろいしがわ

相較東北人含蓄的熱情，東北的美則充滿力度，以「數大便是美」形容最適切。若弘前城公園是北東北的代表，以多品種聞名，那南東北首選絕對是船岡城址公園及白石川堤的千本櫻。

### 一目千本櫻魅力

大河原町出身的高山開治郎，人在東京、心繫故鄉情，一直希望為家鄉盡些力的他，在昭和 12 年（1923）時致贈故鄉千株櫻。一轉眼間，小小樹苗如今已是綿延 8 公里長的櫻堤，讓平凡無奇的風景綻放出璀璨的花季。

在宮城縣觀光區域畫分上，白石川堤一目千本櫻橫跨柴田、大河原兩個町，連接柴田町內同為「日本櫻花百選」的船岡城址公園，從公園山頂往河堤

處眺望，視野所及，1200多株、綿延8公里長的櫻花川道不見盡頭，兩大櫻花名景完全無縫密接，染井吉野櫻、八重櫻、江戶彼岸櫻等同時綻放。春天來敲門，哪有不開門迎接的道理？

　　白石川堤一到春日，櫻花怒放便一發不可收拾，這數公里步道沒有些腳力，還真難以行遍。來訪時可先在大河原站下車，沿著河堤櫻花道往船岡城址公園方向，一路精華盡收。遠方眺望殘雪未融的藏王連峰，抬頭近觀粉櫻大肆綻放，倒映在川面，集美好於一身，便是春神降臨大地最優雅的姿態。

　　沿著白石川岸散步，兩岸皆是春櫻夾道，花開時，粉色隧道看不到盡頭，引人入勝，花落時，跟著春風飄起的櫻花雨，勁道夠強，灑落一身，教人陶醉。不時電車錯身而過，更添風情。

　　不趕時間的，可從「末廣步道橋」來到對岸，享受奢華而安靜的步道，只是從大河町至船岡站這一段路近4公里，中間沒有任何橋樑，得繞一大圈從

| 1 |
|---|
| 2 |

1　一目千本櫻。
2　斜面軌道車提供另一種賞櫻角度。

「櫻花步道橋」來到船岡站後，再折返至船岡城址公園入口處，這一來一回便得花上 1、2 小時。

2015 年 3 月底，趕在櫻花祭前完工的柴田千櫻橋（しばた千桜橋），連結白石川堤及船岡城址公園，高架橋面帶來連結的便利，也意外成了捕捉精彩瞬間的取景地，藏王連峰、櫻花、大川外，再添加行進中的列車一景，讓昔日完美的經典照重新定義。

## 搭纜車穿梭於櫻花林中

船岡城最早為芝田氏的居所，山頂是昔日本丸，山腰為二之丸，大手門進入的廣場地區則是三之丸跡。原田氏進駐後，因發生「伊達騷動」事件，原田宗輔等一家全部處死刑，建物也在幕府指示下連土翻起，全數遭毀，只剩聳立的杉木，NHK 大河劇《最後的樅木》描述的便是這段歷史。之後隨著柴田氏進駐，直到明治維新前都不曾再易主。

### 宮城藏王三十六景

為 2003 年由當地政府舉辦的活動，以藏王連峰為背景，從 450 件投稿照片中精選出 36 個景點。船岡城址公園以遠眺藏王連峰、白石川堤、千本櫻與鐵道街景等美妙組合而雀屏中選。

| 1 | 2 | 3 |

1 要走完綿延 8 公里的櫻花長廊，得有些腳力。

2 柴田千櫻橋可一次看到櫻花、河川、列車與遠處的藏王連峰。

3 山頂觀音像。

依館山而建的船岡城，改建為公園後，種滿櫻樹千株，每到春天，染井吉野櫻依著山勢綻放，將山頭渲染成一片粉色花海，襯托潔白巨大的平和觀音像。山頂上這尊高達 24 公尺的白色巨大平和觀音，手持和平鴿，從遠方便可望到其身影，這是由柴田町船岡出身的野口德三郎以私人名義捐款打造，為的是紀念其亡妻，也祈求世界和平，讓觀音永遠守護著柴田町。

一路蜿蜒來到陡峭的上坡路，園內體貼老幼而設置的斜面軌道車（Slop Car），復古綠色塗裝無敵可愛，爬坡高度約 305 公尺，以緩慢車速穿梭在粉色花海中，不論坐在車內、從外欣賞都好迷人，只是櫻花季來訪，光是 4 分鐘車程就得等上 1 小時，想體驗的人，建議選擇下山時搭乘。

坐在山頂公園觀音像前，眺望滿座山城的春色，一路遠眺藏王連峰、柴田町市街以及太平洋，這「一目千本櫻」的美名果然名至實歸。

| 船岡城址公園、白石川堤 | |
| --- | --- |
| ⌂ | 宮城縣柴田郡柴田町大字船岡館山 95-1 |
| 🚗 | JR「仙台」站搭乘東北本線至 JR「船岡」站下車，步行約 15 分鐘。 |
| ⏰ | 9：00 ~ 17：00（週一休）。 |
| $ | 斜面軌道車資：來回 ¥500 |
| @ | www.skbk.or.jp/spot/view/funaokajyoshi.html |
| 註 | 櫻花季為 4 月中旬；景點所需時間：3 ~ 5 小時。 |

## 志波彦神社・鹽竈神社

しわひこじんじゃ・しおがまじんじゃ

仙石線的西塩釜、本塩釜站及東北本線的塩釜站所圈起的塩釜市範圍，是宮城縣人口密度最高、也最古老的城市，從松島海岸可搭乘遊覽船前來，離市區也僅半小時不到的車程。

但光是從觀光案內所索取的日文地圖上，鹽竈神社、塩釜站、塩竈市等不同字眼一直困擾著我，查了資料後，才明白原來舊字體「鹽」字現除了「鹽竈神社」，已不常使用；「竈（かまど）」是「釜」（かま，鍋之意），字義本不同，因此除了自古習用或特定名稱，現多寫作「塩釜」，但只要是用於地名或機關、設施，不論寫作「鹽竈」、「塩竈」或「塩釜」，皆讀作「しおがま（Shiogama）」。

塩釜市介於仙台市區與松島之間，市內平地多數都是填海而成，不利商業發展，但緊鄰太平洋松島

鹽竈地方守護神

灣，鮪魚漁獲量及魚板冠居日本第一，水產業發達，因此街上處處是壽司店。

## 鹽竈神社坐鎮海上古城

　這一帶的地方守護神「鹽竈神社」是陸奧國第一神社，也是日本 100 多座鹽竈神社之總社，地位極高。實際創建年代不明，但推測至少已逾 1200 多年，主司航海安全、交通安全與安產。

　神社內有兩個拜殿，主殿供奉「武甕槌神」與「經津主神」的左右宮拜殿，但主祭神則是供奉在別宮的「塩土老翁神」，有人說祂是海、鹽之神，也有傳說武甕槌命、經津主神在東北平定之際，鹽土老翁神為兩神引導後，便留在此地教導當地人製鹽方法，讓填海而來的塩釜市以產鹽而聞名。

　鹽竈神社坐擁翠綠色山間，介於本塩釜站及塩釜站中間，社境連結志波彥神社，占地廣，不論從何站前來，都得花上 10 至 15 分鐘步行時間，森山環繞其間，境內有 14 棟建物被指定為日本國家重要文化財。從神社入口仰頭向上望，陡峻的石階表坂正是神社的表參道，得先登上這 202 階，跨進樓門，

御神苑庭園可眺望松島灣。

才能一訴心中事願。

## 海港祭期許新生

當地居民多以海為生，源自於 1948 年海港祭（塩竈みなと祭），原是希望能藉此祭典祈求早日重建，讓市民重拾戰爭前的活力。311 後，海港祭的意義更形深遠。海港祭從鹽竈神社出發，近百艘船跟隨御座船巡幸松島灣，之後再以人力將重達 1 噸的神壇自表坂抬到神社內。

神社境內櫻花品種多達 35 種，最特別的便屬國家指定的天然紀念物「鹽竈櫻」，屬於八重櫻，有淡紅色的花，一朵花有 35 ～ 50 枚花瓣，只是這品種開花期較晚，待社境內染井吉野櫻與枝垂櫻等花落時才綻放。

## 志波彥神社守護農作

沿著綠意參道來到鄰近的志波彥神社，這裡供奉掌管國土開發與農耕守護的志波彥大神，明治時代才遷移來此，自古與鹽竈神社同為陸奧地方的信仰中心，因歷史同樣悠久，原本只有鹽竈神社鎮座，現在正式名稱為「志波彥神社・鹽竈神社」。

自然靜謐的古老神社讓人心靈平靜，特別的是，志波彥神社鳥居旁還有一座御神苑，池泉回遊式庭園借景松島灣，讓恬淡寧靜的漁村風光走進日式庭園的禪意中。

漫步在鹽竈海道上，瓦斯燈沿著街頭而立，充滿風情，而下一條平行的本町通則保留許多明治到昭和年代建築，各式酒屋、和菓子老舖林立，愈逛愈有味，竟讓我有相見恨晚之感。

在車站月臺等車，海風吹來，淡淡海潮味中，沒有疲憊，反而是滿滿不捨，多麼希望走在復興之路的塩釜地方，如同那株鹽竈櫻，晚開沒問題，但綻放便在不久後。

<table>
<tr><td rowspan="2">1</td><td>2</td></tr>
<tr><td>3</td></tr>
</table>

1　御釜神社小巧精緻。

2　塩竈的地方銘酒十分著名，1716 年創業的「男山」即在
　神社下方。

3　本町通上的「浦霞」也是東北有名的銘酒。

**鹽竈神社、志波彥神社**

⌂ 宮城縣塩竈市一森山 1-1

🚗 從 JR 仙台站搭乘仙石線至「本塩釜」站或東北本線「塩釜」站下車，步行 10 ~ 15 分鐘。

🕐 5：00 ~ 20：00

$ 免費（鹽竈神社博物館：大人￥200，開放時間依季節而有所不同）。

@ www.shiogamajinja.jp/

註 櫻花季約 4 月中旬，而鹽竈櫻多在 5 月初開花；景點所需時間：3 ~ 4 小時。

# 松島海岸
## まつしまかいがん

江戸時代儒學者林春齋走遍全日本後，在所著《日本國事跡考》中寫到：「丹後天橋立，陸奧松島，安藝嚴島，為三處奇觀。」自此，宮城「松島」便與京都「天橋立」、廣島「嚴島」並列日本三大絕景。連日本俳聖松尾芭蕉到此旅行時，被眼前美景震懾到久久說不出話來，最後在書中以「扶桑第一名勝，與中國洞庭、西湖媲美。」道出心中仙境般的松島。

## 慢船覽遍松島奇岩

四面各有意境的松島灣，若無遊覽船，難以遍覽島嶼的魅力。推薦初訪者以船行之速悠遊松島灣。一座座翠松蒼林覆蓋的巨岩錯落在淺灣間，水面上一排排整齊的竹架是養殖牡蠣人家的記號，遊覽船如戲水其間的魚隻，海風吹拂下，跟著碧浪搖曳，

福浦橋。

一路採集遺落在淺灣內的翡翠。

　　歷經大自然千百年淬煉下的傑作，雖名為松島，實泛指松島灣內為數眾多的島嶼群，因島種植黑松、赤松而得名。這一帶最早為仙台丘陵，因地殼變動，地層下陷造成海水倒灌，在經年海水衝擊及風吹雨淋下，形成大小、形體各異的 260 多座島嶼，日本人喜歡數字「8」的圓滿、富裕意涵，而以「808島嶼」形容松島島嶼的壯麗。

　　有趣的是，縱然島嶼數百座，每一座依其地質岩貌而有自己的名字。行坐船上，聽著廣播解說島嶼特色，經過仁王島、鐘島等名島時，船家還會貼心放慢速度，讓遊客盡情拍照。我特別喜歡松島灣南方及七濱町北端斷崖這一段，平靜的海域上不時掀起一波波浪濤，海蝕著為數眾多的奇岩，岩上蒼松茂林綴飾，又顯清幽風雅。

### 登島斷惡緣，結良緣

　　松島海岸多數都是無法上岸的小島，所以幾個上得岸的特色島便成了一條

條趣味的探險路徑。連接三大浮島的朱紅木橋：渡月橋（又稱別離橋）、福浦橋、空隙橋，各代表著斷惡緣、邂逅相遇、結緣，按當地人說法，得先依序走完這 3 座橋，再來到圓通寺的結緣觀音參拜，便能締結良緣。靈不靈，不得而知，但橋身各具特色，絕對值得前來。

以渡月橋聯結的「雄島」是松島的發祥地，因昔日僧侶以岩窟做為修行地，島上處處可發現刻有法名、佛像的修行洞窟，最盛期曾高達 108 個，現僅存 55 個。據說曾有高僧在此修行 12 年間，因寸步未移，感動當時天皇，而致贈千棵松樹種植於島上，因此島上松林蓊鬱濃密，而有「千松島」之譽。

連結五大堂的間隙橋（すかし橋）又名「邂逅橋、結緣橋」，橋面上空隙極大，橋下海水湍流，肉眼便可直視，得慢慢步行，為的是讓人在此洗滌心靈，也提醒眾生凡事慎行。五大堂建於西元 807 年，因慈覺大師將五大明王安置於此而得名，現存建築是 1604 年時由仙台藩主伊達政宗召集日本名匠所打造，採桃山建築精粹的欅木造，雕工細緻，加上翠松掩映，更襯托廟堂的

1 搭乘遊覽船，細細品味松島。
1 結緣橋間隙大，提醒眾生凡事慎行。
2 五大堂每 33 年才開放一次。

樸質典雅。平日堂門深鎖，2006 年陪同朋友來訪時，竟因緣際會巧遇 33 年才唯 3 天的開放，真的超級幸運。

氣勢浩大、橫越碧海的「福浦橋」又名「相遇橋」，長達 252 公尺，連結縣立自然公園福浦島，是松島唯一收費大橋，卻值得一訪。福浦島上草木高達上百種，天然植物園裡，偶有藝術裝置增添活潑感。沿著岸邊散步吹海風，來到見晴臺上眺望松島灣，或近觀養殖牡蠣的漁村生活百態，心情特別放鬆。特別的是，311 後福浦橋曾因受損而封鎖，多虧臺灣日月潭觀光船業者的愛心資助，修復後再度開放，望著「謝謝臺灣」的看板踏上「日本臺灣友情之橋」，倍感窩心。

### 觀瀾亭美景，畫下完美句點

想體驗過去皇室貴族憑欄眺望的滋味，可到五大堂附近的「觀瀾亭」。由豐臣秀吉送給伊達政宗的茶室，原先配有房間、廚房、馬棚等11棟以上建築，

1　雖無月光，觀瀾亭外景色一樣迷人。
2　木造亭屋十分雅致。
3　可在觀瀾亭度過愜意午後。

其子自伏見桃山城遷移至此後，目前僅剩的觀瀾亭。

　　木造亭屋四面木樑撐起四坡頂，線條簡樸大方，耀眼奪目的金色壁畫、精緻細膩日式拉門的「御見之間」，是藩主的專用房，後方博物館則完善保存伊達家的盔甲、書畫等傳家之寶。

　　松島月色迷人，過去僅作伊達政宗家族私人用的「觀瀾亭」，因歷代藩主喜歡在此賞月而命名「月見御殿」，現無夜間開放，浮月美景無法觀得，但付點小錢，享受海風吹拂，倒也一番愜意。每回前來，我喜歡靜坐在這，喝茶觀景，作為旅程的句點。看著大自然透過巧手，碧波白灘、騰浪透迤，翠松勁木，將大小松嶼植入這天然盆景中，送給有緣人。

| 松島海岸 | |
|---|---|
| 🚃 | 從仙台站搭乘仙石線在 JR「松島海岸」站下車，步行約 5 分鐘（普通車車程約 40 分鐘，快車 25 分鐘）。 |
| **觀瀾亭** | |
| ⏰ | 4 月～10 月　8：30～17：00<br>11 月～ 3 月　8：00～16：30 |
| $ | ￥200（含松島博物館，飲品另計） |
| **福浦橋（自然公園福浦島）** | |
| ⏰ | 3 月～10 月　8：30～17：00<br>11 月～ 2 月　8：00～16：30 |
| $ | ￥200 |
| **松島觀光船** | |
| ⏰ | 春～秋季　9：00～16：00 每整點出發<br>冬季　　　9：00～15：00 每整點出發 |
| $ | ￥1500（官網可下載折價券） |
| @ | 松島觀光：www.matsushima-kanko.com/<br>松島觀光船：www.matsushima.or.jp/ |
| 註 | 景點所需時間為 5～6 小時。 |

## 圓通院、瑞巖寺
### えんつういん、ずいがんじ

松島有兩條主要大街，一是海灣側的海岸通（國道 45 號線），二是山側寺院群的寺町小路。熱鬧的美食街集中在海岸通，幽靜古意則來寺町小路尋訪，一動一靜，各有滋味。

### 圓通院，和洋並存

從車站經過天麟院後，便可來到「圓通院」，這是仙台藩第二代藩主伊達忠宗次子光宗的靈廟，自小文武雙全的他，對於當時全力穩固政權的德川幕府可說是極具威脅，因此當他 19 歲死於江戶城時，引起嘩然，死因眾說紛紜。之後遺體運回仙台，家人便將其祭祀於院境的「三慧殿」中。躲過多次戰亂及天災，讓圓通院成為今日唯一完整保存伊達家族的家祠。

　　圓通院以秋楓聞名，早來了一步，少了繽紛，卻多了心境的領略。一入境內，如縮小版的松島灣石庭，白砂代表的松島灣，將庭園分成兩部分，一側是松島灣內七福神島為題材的「天之庭」，不同岩石各代表著七福神，一側是以生命為主題「地之庭」，以光滑、割畫及磨練後的石塊代表人生成長，「天」、「地」之間以天水橋用以連結，天界、人生界，以實物作畫，具象之中充滿禪意。

　　穿過小山門後便進入本堂前的「遠州之庭」，從這到「三慧殿」這段林道小徑，是圓通院中我最喜歡的一段路。巨大杉樹林吸走凡間喧囂，竹木圈圍、青苔鋪路，引領我走進美妙淨土，光影搖晃在杉木間，夏日殘留的暑氣在林間被濾淨，呼與吸間，淡雅的芬芳一股腦衝上身，鏡頭下捕捉的光影間，那流動的風更教人難忘。

　　列入國家指定重要文物的三慧殿，建造於正寶3年（1646年），神龕內供祭著白馬著禮裝的光宗像及為光宗殉死的7人像，並以銅繡和珊瑚等永不褪

石庭中的枯山水，寫意松島灣。

色的材料，在金箔上繪上西洋玫瑰、水仙等文樣，數百年後的今日看來仍色澤鮮麗。

從三慧殿繞過700年前的洞窟群，高大杉林、楓樹、山野草構成的「禪林瞑想之庭」，濃綠得化不開的綠意覆擁下，萬事皆化微塵，周邊倏然靜默，和風觸感極其強烈，流動之間，五體通暢。

經過巴洛克風的「玫瑰之庭──白華峰西洋之庭」後，再次來到本堂「大悲亭」及遠州之庭。為悼念愛子的早逝，伊達氏將光宗位於江戶的納涼之亭解體後，移築至此，茅草屋頂，下方拉門敞開，正好眺望江戶園藝家小堀遠州的「遠州庭園」，百年水松、楓林錯落有致，心型池庭園，那盛夏初綻的白蓮，不濃不烈地詮釋禪意古風，也讓原不特別期待的圓通院，成為松島旅行中我最喜歡的角落。

1　遠洲之森綠意盎然，頗有層次。
2　伊達政宗將光宗位於江戶的納涼之亭移築至此。

## 瑞巖寺，暫時遠離塵囂

日本天臺宗三祖之一的慈覺大師圓仁，所開基的包括山寺的立石寺、平泉的毛越寺、中尊寺及松島的瑞巖寺。創建於 828 年，前身為延福寺，後又更名為圓福寺。現存建築是 1604 年由仙台藩主伊達政宗下令修築，當時他自全國各地找來 130 位名匠，並訂購熊野山中建材，打造高規格、華麗的桃山建築風格，歷經近 5 年才建造完成，並更名為瑞巖寺。

外觀古樸沉穩，內部絢爛氣派的瑞巖寺，被譽為是日本東北第一大名寺，以莊嚴的大伽藍聞名，高達 3 萬多件國家級寶物及重要文化遺產，包括正殿、唐風建築「御成門」、隔扇、壁龕繪、蔓藤花紋雕刻等都是觀賞重點。其中昔日廚房的「庫院」，大屋頂上方垂直軸突出的煙囪，立體線條十分優雅，穿梭內部迴廊、庭園與窗櫺的配置，加上唐草及花肘木的細膩雕刻，連廚房都如此講究，當年伊達氏的地位可想而知。

| 1 | 2 |

1　往陽德院時，得先穿過夫婦欅木樹下方的天然石隧道，樹齡高達 800 多年的大欅木，氣勢非凡。
2　陽德院御靈屋之前未開放，有幸一探究竟。

寺院前的杉樹林綠蔭濃郁。

　　再訪瑞巖寺時，遇上本殿等暫不開放，但也幸運來訪先前未公開的陽德院御靈屋，建於寺境後方高臺的寶華殿，是祭祀伊達政宗其正室「愛姬」。頗受人民稱讚的她，在政宗過世後，便來到瑞巖寺的雲居禪師佛門下，落髮為尼並改稱法號陽德院。以 86 歲高齡仙逝後，其孫綱宗為其建造寶華殿，現存的則是平成年間時依當時模樣復建而成，寶形銅板屋，天井及內部板壁貼以金箔，十分華麗。

　　來到瑞巖寺，別錯過寺院前的杉樹林，筆直的參道兩旁，高大巨木隔阻了商店街的喧嚷聲，綠蔭濃郁，綠得一股作氣卻不招搖，靜得天地不擾更顯澄明寬容。側旁彎延林徑的洞窟群更讓人開了眼界。這些是開山宗祖慈覺大師當年在此修行時，根據五行挖掘的許多洞穴，從鎌倉時代開始至江戶時期一直作為納骨及供養地，讓這裡有「奧州之高野」一稱。

洞窟外的 33 尊觀世音菩薩佛。

窟群外以西國（關西）觀世音菩薩佛，33 種不同形象現身世間救度眾生，禪學佛理如長串經卷一路攤開，參悟與否在個心，倒是這洞穴奇觀、單色調畫面如同老靈魂，滌淨過去、形塑今世的悟與念，帶著凡人遠離塵囂及世俗，教人敞開心胸、懷惴遼闊。

| 圓通院 | | |
|---|---|---|
| ⌂ | 宮城縣松島町松島字町內 67 | |
| $ | ￥300 | |
| @ | www.entuuin.or.jp/ | |

| 瑞巖寺 | | |
|---|---|---|
| ⌂ | 宮城縣松島町松島字町內 91 | |
| $ | 大人￥700；兒童￥400 | |
| @ | www.zuiganji.or.jp | |

🚗 從仙台站出發，搭乘仙石線至 JR「松島海岸」站，步行約 5 分鐘（普通車車程約 40 分鐘，快車 25 分鐘）。

註 瑞巖寺正殿、中門、御成門目前修繕中，預計 2016 年春天重新開放；景點所需時間：3 ～ 4 小時。

## 鳴子峽、鳴子温泉
なるこきょう、なるこおんせん

**大**谷川流經其間，長年蝕刻下的鳴子峽，是大自然雕琢下的藝術品，懸崖峭壁兩側布滿奇岩怪石。紅、黃、綠，繽紛多彩如錦緞的紅葉染遍山頭。抬頭，藍天下作畫的豐秋如此讓人陶醉；俯瞰，群樹覆蓋下的澄澈水流聲，涼透入心，沿途依形體而命名的奇石添樂趣，從此岸到彼端，漫步在山光水色的遊步道，足以回味一輩子。

### 全新步道，欣賞開闊絕景

接連的天災重創鳴子峽谷遊步道，幸虧當地政府極有效率地分別完成了全新長達 2.2 公里的「大深澤遊步道」及 450 公尺的「中山平步道」從展望臺上，一側捕捉列車穿梭山洞的趣味，一側大谷川貫穿其間，切割出深約 100 公尺的 V 字形峽谷絕景，橫跨大橋一把點出氣勢，斷崖峽谷裡，錯落的濃綠松樹、

從展望臺可捕捉列車過山洞的趣味。

與季節遞嬗下的紅葉林，讓灰白的肌岩妝點出多彩浪漫，卻不失壯闊。行經大谷川的鐵橋上回望，眼前的景觀窗，像將岩石切成縱剖面，俯望楓林，列車側身行經、昔日步道殘跡橫切崖谷、深谷下不停歇的清澈水流，氣勢動人，絕景之妙，正是天、地及人造的合而為一吧！

大深澤遊步道位於大谷橋、見晴臺另一側，與舊步道完全沒有交疊，反而與古道「山羽街道中山越」部分路段重疊，少了峭壁奇岩的臨場感，多了身心與天地間的自我對話空間。時而步入深山中，時而聽聞涓涓溪流聲，雖是結伴而來，途中卻有默契地鮮少交談，因風吹過林間、鳥語唱鳴，聞得泥土芬芳，吸得森林芬多精，腳踏落葉枝椏的窸窣聲，在都市中極少留意的微量聲音、感觸，此刻五感變得好清晰。

另一側，最新、最短的中山平步道，可走進絢麗奪目的林蔭裡，在展望臺欣賞角度絕佳、驚心動魄的大景下，清晰見得美麗紅葉的動人層次，隨手自地面挑了 2 顆掉落的松果做為今秋的回憶，大自然帶來的療癒，果然需要自己去挖掘。

新的中山平步道可欣賞到最壯闊的鳴子峽。

鳴子峽谷的紅葉層次錯落有致。

## 礦物質豐富的千年古湯

論及秋楓大賞，奧入瀨十和田湖、鳴子峽在我心中，大概是稱霸北東北、南東北的前 2 位。而鳴子峽溪谷環抱的鳴子溫泉鄉，位於宮城縣北部，是鳴子、東鳴子、川渡、中山及鬼首等 5 個溫泉的總稱，以泉質豐富的千年古湯歷史聞名，在日本溫泉常見的 11 種礦物質中，鳴子溫泉泉質就含有 9 種，近百家業者也推出溫泉巡禮優惠套票，讓人以好湯洗滌旅程的疲憊。

只不過這 5 處溫泉鄉之間都有段距離，交通最方便的當屬鳴子溫泉站，車站設有足湯及罕見的手湯，多間日式溫泉旅館也矗立在街巷中。溫泉鄉不大，狹窄的商店街上，各式溫泉蛋、手工藝品及伴手禮店緊鄰而立，就算不住宿，也推薦來到溫泉鄉上方的「滝（瀧）乃湯共同浴場」，在檜木、岩石兩種浴場中，讓千年好湯為這過度絢爛的秋日，畫下完美句點。

鳴子溫泉鄉隨處可見的芥子木偶（こけし），是東北地方傳承數百年的工藝品。圓柱為人身的木頭上，搭配彩繪人臉圓頭，看似簡單，從選木、塑形、研磨到彩繪上色，全靠老師傅的巧手完成。因雕工、彩繪圖案各有千秋，光是在宮城就分成五大流派，讓宮城縣有「木芥子王國」美譽，還有體驗行程，不到半小時，便可帶走自己製作獨一無二的娃娃。

**鳴子峽、鳴子溫泉**

⌂ 宮城縣大崎市鳴子溫泉字湯元 2-1（觀光協會）。

🚗 JR 仙台站搭乘新幹線至古川站，轉乘陸羽東線（快速）至鳴子溫泉站下車。紅葉期間有巴士直達中山平溫泉站，下車即是。

@ www.naruko.gr.jp

註 景點所需時間：2～3 小時。紅葉期間多在 10 月下旬~11 月初，此期間可先上網查詢「紅葉巴士運行期間」的日期及車班。紅葉期間車班每日運行，行駛路線為「鳴子溫泉站（起點站）、小芥子木偶館、鳴子峽、Shintoro 之湯、中山平溫泉站（終點站）」。
紅葉巴士參考網址：www.naruko.gr.jp/file-timetable/bus_momiji.pdf

# 宮城縣鄉土滋味

## 牛舌

　　仙台是牛舌料理發源地，不以畜牧發達，而是以料理手法聞名。過去美軍在此駐紮，為了處理大量廢棄不食的牛舌，有位廚師切片做成碳烤料理，沒想到大受喜愛，意外成為今日仙台最具代表性美食。仙台的炭燒牛舌以厚度及香 Q 有嚼勁聞名，烤前先將牛舌醃漬入味，高溫煎烤後香氣四溢。當中最受歡迎的除了「利久」，老牌的「伊達」、「青葉亭」、「陣中」也各有支持者，許多伴手禮中也加入牛舌口味，是仙台美食的第一味。

## 牡蠣

　　松島灣因環境良好，適合養殖牡蠣，這裡出產的牡蠣肉質緊實，味鮮甜美。沿街都可聞得到烤牡蠣香氣，採單顆販售，很適合嘗鮮。也提供牡蠣大餐，從牡蠣鍋、炸牡蠣、烤牡蠣、牡蠣丼到醃牡蠣一應俱全。位於松島海岸的「牡蠣小屋（燒がきハウス）」、「かき松島こうは」都是人氣店家。

## 魚板（笹かま）

　　宮城縣靠海，大量漁獲讓當地人將新鮮魚漿製成魚板，因吃來鮮甜、彈牙而大受歡迎，可以直接當作小菜食用，或加入各式料理。因這一帶的魚板因多做成笹葉形狀，故又稱「笹かま」。其中最有名的有「鐘崎」、「阿部」、「小島」，都是人氣品牌，來到松島海岸也處處可見。

## 毛豆麻糬（ずんだ餅）

　　毛豆營養價值高，日本人愛吃，是東北名物，特別在南東北，各地發展出口味略異的料理及點心。其中最推薦是將毛豆搗成泥調味後，甜中帶點鹹，裹在麻糬上，香氣十足，吃得到毛豆泥細緻的顆粒口感，且 Q 彈有嚼勁。以仙台和菓子老舖「菓匠三全」最有名（另一款名物為「荻之月」）。可到 JR 仙台站西口的「ずんだ茶寮」，現做的毛豆麻糬滋味更是一絕。

# 第四篇

## 山形縣
## やまがた Yamagata

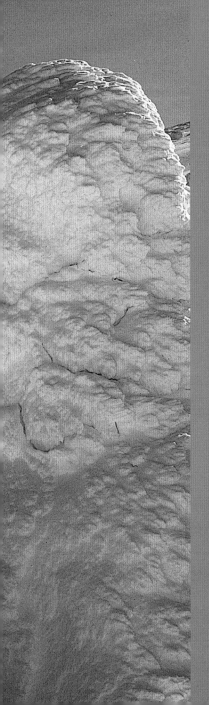

# 走進祕境深處，聽見雪的聲音

## ● 行程建議

1. 新幹線行經山形縣多達 10 站，是全日本新幹線車站最多的縣。但熱門旅遊景點多得再轉乘 JR 或巴士才可到達。初訪者可以山形站為主，搭配山寺、天童，來趟 2 天 1 夜小旅行。

2. 沿著新幹線可到藏王溫泉、上山溫泉、大石田（銀山溫泉）或新庄市（最上川），各溫泉景點都可以 2 天 1 夜來安排。

3. 山形縣與宮城縣隔著藏王群峰，可以仙山線串聯，車資低，沿線可走訪兩大城市、山寺名景，搭配銀山或藏王溫泉，5 天 4 夜南東北行，連 JR EAST PASS 的費用也省下來了。

4. 至於靠日本海的鶴岡、酒田，從山形市出發得轉乘 2 回以上，持有 JR EAST PASS 者，從東京搭乘上越新幹線至新潟後，轉乘 JR 羽越本線來到酒田，還可預約閃亮號觀光列車，一舉兩得。

## ● 住宿建議

　　山形站西口空曠、東口熱鬧，周邊皆有許多商務及大型飯店可選擇，另推薦沿線天童、上山溫泉等站的溫泉飯店，從車站步行即可直達。山形縣也有多處溫泉鄉可供選擇。

## ● 旅遊小叮嚀

　　山形縣因地形關係，不同區域差異很大，日本海側的庄內平原，冬天風大，但降雪不多；新庄盆地則雪量大，冬季前往多注意。靠內陸的山形及米澤，因盆地關係，冬天寒風刺骨，夏季炎熱高溫。

## ● 參考網站

　　山形縣觀光官網：yamagatakanko.com/（含繁中版）

## 山形市
やまがたし

從仙台搭乘仙山線，列車尚未停靠山形站，沿著
護城河成排櫻花列隊歡迎，原本有些疲倦的雙
眼頓時清醒。或許是東北的櫻花名所太教人眼花繚
亂，雖然前前後後來訪山形也不少回，唯獨山形的
春天讓我跟遲了腳步。

每回住宿山形市多是為了接駁後續行程，真正喜
歡的景點並不多，但方才車上驚鴻一瞥，讓我一辦
完飯店入住手續，便迫不及待來訪霞城公園。

### 充滿故事的霞城公園

霞城公園鄰近車站，從西口步行前來僅 10 多分
鐘，是昔日山形城跡所改建的市民公園。山形城最
初建於南朝的 1356 年，由當時出羽國最高管理者「探
題」斯波兼賴下令築城，他原是足利分支，後來改
姓「最上」。

　第 11 代城主最上義光，在關原之戰時投效東軍，與上杉景勝、直江兼續大戰於長谷堂，有效牽制了敵軍軍力，讓他因功受封山形藩首任藩主，成為俸祿高達 57 萬石的大名，是實質百萬石的城下町，因此在他任內期間，將今日山形城擴建成今日規模，包括二丸護城河、石垣都是在他的時期完工。公園內的「最上義光歷史館」，展示許多最上氏物品，包括盔甲、武器等。

　可惜來到第三代藩主最上義俊時，發生最上之亂，山形藩轉封鳥居忠政，他修改山形城的本丸、二之丸，現今二之丸便是當時留下來的遺構。自此之後，山形藩不斷轉封，藩主俸祿也一路降至 5 萬石，直到幕府時代結束。

　明治時期的廢藩置縣政令，山形城遭廢城，僅留下石垣遺跡。不過沒有天守閣的山形城，以輪郭式的平城，即本丸、二之丸及三之丸的三重構造，在日本可是十分少見，而列入日本百大名城的指定史蹟。市制 100 週年紀念時，還依照 1500 年前的圖稿重新復原二丸東大門，本丸一文字門也正在復建中。

## 春櫻滿園，有如彩霞

山形城又名「霞城」，據說某日藩主從遠方歸城之際，見到春櫻滿花的城廓，在陽光照射下，散發如彩霞般的光芒而有此名。像是為浪漫而生，在山形縣境內多處地方含苞待放之際，霞城公園裡的 2 千多株春櫻便拉起春鳴第一炮，高掛在城垣石牆上，粉嫩如雲彩，倒映在渠川水流裡，毫不喧騰的淡色調，磅礴與細緻合而為一，拓印出春色無限美好。夜晚，放學、下班後的市民們趕著前來櫻花下野餐，少了外來的觀光客，霞城公園的夜櫻足夠市民歡樂好幾晚，只有最上義光的銅像英姿，像是夜間出征的孤軍，充滿戰鬥力。

## 明治洋風建築「舊濟生館」

位在霞城公園內的「舊濟生館」完工於 1878 年，原坐落於市中心縣廳旁，二戰時，一度擔心這裡成為空襲目標，便將 4 樓頂層的建物暫時撤掉，並保留建材待終戰後再復原。只是戰敗後日本一片混亂，建材也不知去向，便維持戰時模樣至今。隨著日本邁入現代化，醫院空間不敷使用加上建物老朽，濟生醫院已另建他處，本館則在 1966 時正式列入國家重要文化財，之後移築至霞城公園，並以「山形市鄉土館」重新開放。

這棟木造擬洋風建築可說是明治初期代表的最高傑作。建築以多寶塔的工法，主棟從 1 樓八角型的玄關處，來到 2 樓成了十六角形的建築，銜接至 3 樓後，又成了八角型的建築樣式。特別的是，2 樓直徑 10 公尺的大廳裡，完全沒有使用到 1 根柱子，靠的正是技術工法純熟的大工匠才能做到，還能以優美的螺旋梯連接樓上。

當時主棟為醫療門診，病房則在 1 樓玄關後方，以十四角型迴廊、搭配瓦簷的設計方式，從高處眺望有如甜甜圈，中間則打造成枯山水的日式庭園。改為鄉土館後，1 樓及部分 2 樓空間展示山形縣的地方文史及歷史道具，原病房空間及 2 樓部分則展示當地醫療教育及醫學發展的過程。

| 1 | |
| 2 | |
| | 3 |

1 本丸一文字門,重現 1500 年前的模樣。

2 舊濟生館是擬洋風多寶塔建築。

3 當時的病房設置於十四角型迴廊上,環繞著中庭的枯山水。

## 夏日祭典「花笠舞」

起源於 1963 年的「花笠舞」，原是為了推廣藏王觀光所舉辦「藏王夏祭典」，1965 年時將「花笠舞」獨立出來，成為山形夏日祭典代表，每年固定於 8 月 5 ～ 7 日在市區舉辦。

「花笠舞」特色在於手持的花笠與唱的〈花笠音頭〉（花笠舞歌）。以工作時遮日避雨所戴的斗笠，結上染成紅色的紙花做成花笠。跳舞時跟著樂音、搭配固定舞步，雙手揮動、旋轉花笠，為辛苦的人們加油打氣。

關於〈花笠音頭〉的起源有諸多說明，有一說是起於明治時期，山形縣村山地方所唱的「打椿歌」，也有一說是大正年間，尾花澤郊區進行灌溉貯水池工程，工人進行搗土作業時的吆喝聲「ヤツショ、マカショ（Yatsusyo、Makasyo）」，融和上述緣由，再加土木工人的工作歌、船員節和八木節等曲調，才於昭和年間形成今日遊行時所唱的〈花笠音頭〉。

有趣的是，歌詞也從最早的 2 句，經對外募集 13 句歌詞後，構成目前的15 句歌詞，從山形縣最上川流域，沿著水流河域，唱詠各地名勝、名物及名產，可稱得上另類的觀光行銷。

談不上歷史悠久，但依據不同地方，花笠舞發展至今的跳法也有 10 多種，特別是 1993 年開放市民參與後，向來以集體美感的花笠舞，也不再拘泥於一絲不亂的固定形式，除了華麗的正調女人舞〈薰風最上川〉和雄壯的正調男人舞〈藏王曙光〉，也出現愈來愈多結合創意、個性獨特的花笠舞。

「花笠舞祭」由華麗的山車、花笠太鼓帶頭，在主持人使勁地吶喊「Yatsusyo、Makasyo」中，身著繽紛浴衣、手持紅花綴飾斗笠的舞者，女嬌媚，男有勁，以雙手舞動、旋轉或畫圓方式，舞動花笠與身姿，一路沿著大街往舊縣廳的文翔館前進，男女老少不一定專業，但個個使出渾身解數，傳遞身為山形人的熱情與隨性，無論表演者、觀看者大家都開心，不正是夏季最美好的祝福？

| 山形市 |
| --- |
| ⌂ 山形市城南町 1-1-1 ( 觀光協會 ) |
| 🚗 若從東京站出發，搭乘山形新幹線至「山形」站下車 ( 車程約 2 小時 40 分鐘 )，可依景點以步行或搭巴士至市區各景點。 |
| @ www.kankou.yamagata.yamagata.jp/db/ |
| 霞城公園 |
| ⌂ 山形市霞城町 1-1 ( 舊濟生本館 ( 鄉土館 ) 位於霞城公園內 ) |
| ⏰ 4 月～ 11 月 5:00 ～ 22:00；12 月～ 3 月 5:30 ～ 22:00；舊濟生本館 9：00 ～ 16：30 ( 12/29 ～ 1/3 休館 )。 |
| @ www.pref.yamagata.jp/ou/ shokokanko/110001/him/him_15.html 花笠祭：www.hanagasa.jp/ |

註 霞城公園櫻花季為 4 月中旬；市區景點所需時間：3 ～ 4 小時。

1 「紅花」是山形縣花，過去是重要的染布原料，極具商業價值，全盛時期比黃金還要珍貴，因此花笠上便繫結代表紅花的紙花。

2 穿著浴衣的舞者跳著花笠舞，特別嬌媚。

3 山形市區常可吃到名為「どんどん燒」的傳統庶民小吃，以小麥粉快鐵板上略煎熟後，加上魚板、蛋絲、柴魚片等，最後鋪上一張海苔，並以兩小塊火腿為造型，以分割的筷子卷起來吃。

## 藏王溫泉、御釜
ぞうおんせん、おかま

山形縣境內溫泉多，古泉也不少。其中開湯已逾千年的藏王溫泉，是境內最古老的溫泉，乳白色泉湯是日本較少見的強酸硫磺泉，對於皮膚或腸胃問題別具療效，有「姬之湯」、「美人湯」之稱。

### 千年古老祕湯

想試試在地味的藏王溫泉？來「藏王大露天風呂」就對了！建築在溪流溝域處的露天溫泉，四周被山林環抱，從中央纜車上往向下望，淡藍色的泉池被團團綠意包圍，還不察其規模之大，待進到其間，才發現實際面積竟可同時容納 200 人！開放感十足的大自然中，依地勢以不規則石塊砌成男女數個寬敞泉池，身體沉浸在暖暖泉湯裡，耳畔邊盡是林間蟲鳴鳥叫，飽覽四季美景。如此美好的湯泉，費用卻低廉，難怪不僅遊客青睞，當地居民更是常客。

藏王溫泉已有千年歷史。

不過最熱門的泡湯季期（11下旬～4月中旬），因山上積雪深厚封住通道，只得被迫休業。

初次前往，挑了個學期剛結束的淡季，開往藏王山頂的巴士像隻落單的螞蟻，嗅著溫泉源頭，有節奏地在山脈背脊上蜿蜒爬行。初夏東京的悶熱氣息還停留在體內，下了車，山上清新的芬多精一股腦擁上，頓時暑氣全消。

方才在新幹線車上還猶豫著大熱天要不要泡湯，此時開始懊惱著為何沒宿在此。所幸這一帶有不少日歸型溫泉，3座公共浴湯：川原湯、上湯及下湯，只要花200日圓，便可體驗早期日式浴湯的懷舊味；新左衛門之湯、源七露天之湯，及藏王センタープラザ「ゆ〜湯」等新穎湯屋，同樣價格不高，即可浸泡在美景當前的露天浴池中，體驗日式好湯的幸福。

隆冬中再次來到藏王溫泉，天鵝絨般的雪花把群山、聚落及街道披覆上厚厚的純白大衣，冷空氣中混雜著霧氣、硫磺熱氣與食物香氣，讓藏王更添幾分浪漫韻味。瑞雪放肆地飄落，眼前冬景迷濛如黑白片，即便臉頰凍到泛紅，

<table>
</table>

1　夏季的藏王溫泉是避暑勝地。
2　「藏王大露天風呂」被團團綠意包圍。

雙手卻忍不住迎接輕飄而下的雪花。雪中霧氣模糊了大地的景深，遠山迷失在雲深縹緲中，眼前這幅山水潑墨畫，澹而有力度，以為該是寂靜的銀白世界，近在眼前的是穿著各色鮮豔羽絨衣的滑雪客，用笑聲把整片白點綴得五彩繽紛，冬天的藏王溫泉熱鬧極了！

## 世界奇景，藏王樹冰

一睹世界奇景「樹冰」，是藏王冬天的重頭戲。原以為只要大雪、大樹再加高海拔，就有樹冰。來到藏王，才發現這群聳立在高山的雪怪們，可得天時地利完全配合才會誕生，不僅在日本不多見，全世界也只有日本才有。

藏王連峰的特殊地形，讓生長在這裡的青松從每年 11 月起便進入著冰期，細碎雪花及冰滴覆蓋、凝結在樹木上，成為一株株樹冰的根基，經過著雪期後，在 1 月底至 2 月期間達到完全覆蓋，便是最佳的觀賞時機。

從海拔 800 公尺的藏王山麓站開始搭乘登山纜車，行經樹冰高原站、到達終點的地藏山頂站，隨著高度不同，樹冰外觀也從蝦尾般的冰柱，演化成碩大如雪巨人般，大自然的鬼斧神工讓人陣陣驚呼。來到海拔 1661 公尺的山頂時，氣溫瞬間凝凍，所幸服務處貼心準備了雪鞋，讓人可安心行走在雪地中，親訪被降雪埋蓋大半身的地藏菩薩及祈福鐘。最開心的應是滑

**藏王樹冰**

樹冰是日本東北特有的自然奇景，主要分布在藏王連峰、青森八甲田山、岩手八幡平高山。其形成主因是來自西伯利亞冬季季風，經過日本海吸收其水蒸氣後，遇上日本東北連山群，快速變冷而下雪。其之所以罕見的原因，是因為形成樹冰需下列 3 種條件，且缺一不可。

1. 樹種必須是容易附著冰雪的常綠針葉樹，例如冷杉或松樹，一般的落葉喬木因不容易叢聚冰雪而難以形成。

2. 附著冰雪後，需要持續低溫、大量雪花及固定風向的強風，否則結構很容易遭到破壞。

3. 積雪厚度要恰到好處，太多容易因壓垮冷杉樹苗，雪量不足也難以形成，藏王高原的 2 ～ 3 公尺積雪厚度恰是樹冰形成的最佳環境。

<table>
<tr><td>1</td><td>2</td></tr>
</table>

1　大自然形成的絕妙滑雪場。
2　滑雪客玩得不亦樂乎！

雪客，能以貼身近距離方式自在穿梭於樹冰原野間，馳騁而下的滑行瞬間，一嘗與樹冰共舞的滋味。

　　天晴時，樹冰巨人依山勢羅列，陣仗之大，「數大便是美」的大自然藝術傑作令人嘆為觀止。幸運的話，遇上每年2月的「樹冰祭」，不妨把握難得開放的夜間時間，透過燈光投射，目睹七彩浪漫的樹冰傳說。

## 魔女的眼睛「御釜」

　　少了樹冰的藏王溫泉，晚春到初秋的晴朗日子，是一睹魔女碧眼「御釜」的最佳時節。御釜是位於山形與宮城縣交界的神祕火山口湖，圓周長1公里，水深達27公尺，四周被藏王連峰熊野岳、刈田岳及五色岳所包圍，因形似鍋盆（即日文的「釜」）而取其名。

　　不同於日本其他火山口湖，御釜面積不大，沿著周邊步道即可近觀整座湖面，特別的是，它是世界上稀有的溫水層湖，湖水溫度從湖面逐漸下降，深及10公尺處時，又開始往上升溫。因屬強酸性湖，據說只有硅藻類生物得以生存，因此湖水終年呈現著翡翠綠的混濁色彩。當地人說，這是一池從天上

御釜經常被迷霧籠罩，想一探清楚全貌，還得碰運氣。

倒進的魔法之泉，與周圍火山灰岩形成強烈對比，有如「魔女的眼睛」。天氣晴朗時，湖水顏色隨著陽光照射角度、時間、氣候、季節更迭，有時一天之內就變化多種色彩樣貌，因而有「五色沼」之說。

總給人高深莫測感的御釜，即便天氣晴朗，燦亮陽光仍無法透視水色，何況想一睹「魔女的眼睛」還得憑些運氣，多數時候湖面總彌漫濃霧，雲海、山嵐游移在山頂步道間，難以窺見釉綠湖水。

不過當地人倒不完全為了「魔女的眼睛」風采而來，橫跨兩縣的藏王高原標高 900 公尺，即便盛夏來訪也僅 20 多度，氣候較平地涼爽許多，是當地人最愛的避暑勝地。從山下至御釜有數條登山步道，美麗而珍貴的高山植物、花朵等大自然體驗吸引許多人前來登山健行，下山時還能在千年古湯的浸潤下，通體舒暢，滿載而歸。

千百年來，藏王高原三大奇景藏王溫泉、藏王樹冰與御釜，總在季節流轉裡，安靜地詮釋自然的力量，綠枝、紅楓、白雪，純粹不帶雜質的色彩，一切如此自然，莊子言道：「天地有大美而不言。」無須多言，曲盡其妙，每回來訪，總能心領神會。

藏王中央纜車。

## 藏王溫泉

⌂ 山形市藏王溫泉 708-1（觀光協會）

🚗 1. JR 新幹線「山形」站，自東口巴士站（1 號乘車處）轉乘巴士至終點站「藏王溫泉」站下車（車程約 40 分）；從仙台出發，可搭乘宮城交通巴士往「藏王山頂行き」方向。

2. 前往御釜：一是在山形站往藏王溫泉同乘車處，但需搭乘往「刈田山頂」方向巴士，於終點站下車。（車程約 90 分鐘 / 請注意：僅 4 月下旬～ 10 月下旬行駛，一天僅固定班次，但時間未定，記得出發前上網確認）；二是可在山形縣的上山溫泉（かみのやま溫泉）站搭乘免費的接駁巴士「グリーンエコー号」；但至御釜展望臺，則得再搭乘往「馬之背方向」的登山小纜車後，步行約 3 分即到。

🕐 8：00 ～ 17：00（全年無休，但因全為登山石階，冬季下雪及雨天前往較危險）。

📞 023-694-9328

## 藏王觀光纜車　中央纜車

中央 Ropeway、Sky cable、ski left（滑雪座椅纜車）

$ 單程￥800　來回￥1300　小孩半價

註 溫泉站至鳥兜站。

## 藏王觀光纜車　東武集團經營

Ropeway

$ 單程￥1400　來回￥2500　小孩半價

註 若要前往樹冰，需搭此纜車。

@
藏王溫泉觀光協會網址（日）：www.zao-spa.or.jp
藏王中央纜車（夏季）：zaochuoropeway.co.jp/jp/summer/index.php（冬季）：zaochuoropeway.co.jp/jp/summer/index.php
東武藏王纜車（往樹冰高原）：zaoropeway.co.jp/
山形交通巴士網址（日）：www.yamakobus.co.jp
山上溫泉站交通巴士網址（日）：kaminoyama-spa.com/tourism/taxi-bus/

註 景點所需時間依各季節有所不同，建議以 2 天 1 夜安排最恰當。（當日往返者至少安排 4 ～ 5 小時）。

## 上山温泉
### かみのやまおんせん

在「溫泉王國」美名的山形縣，泡好湯、賞美景都不是難事，只是即便新幹線站數再多，多數名湯還是得再舟車勞頓地轉乘巴士才能到達。少數例外中，上山溫泉站可是集便利、好湯與美景於一身。它與福島會津的東山、山形庄內的湯野濱並列「奧羽三樂鄉」溫泉區，卻是三者之中交通最方便的。

### 上山城外櫻吹雪

上山市昔稱「月岡」，市區內主要景點都圍繞在小鎮位居高處的上山城。戰國時代，最上義房之子武衛義忠擊敗伊達家臣的小築川氏後，建立上山藩並築城於此，1535 年完工後，成了當地的象徵，並有「羽州名城」美譽。只是傳到其子上山滿兼時，兩方戰爭不斷，滿兼在戰亂中身亡，因此上山藩雖然一直到幕府結束都存在，但在內戰不斷下，城主

1　相較於新穎的上山城，後方建於 1878 江戶年代的月岡神社，溫馨小巧，充滿古樸的地方味。
2　上山城後方是昔日上山藩武家屋敷區，三輪家是現存唯一開放內部參觀的。

已多回易主，天守閣也早不存在。1873 年明治時代時，因受廢城令波及而遭毀壞，直到 1982 年才以模擬方式重建完成，並恢復最早的天守閣。昔日古城遺跡多不復見，只在西側保留部分，另一小部分則被移轉到一旁的月岡公園。

天守閣內部現為鄉土資料館，介紹藏王的四季及上山的歷史，4 樓觀景臺擁有 360 度視野，可眺望市區及遠方的藏王連峰。相形於歷史的存在感，上山城一帶的春櫻倒讓人沉醉其中，滿開的櫻花一路綿延到旁側的月岡公園，遊客數不多，春雨後的涼意，最適合坐在樹下的足湯泡泡腳，溫熱身心。

### 「鶴脛之湯」上山溫泉

上山溫泉擁有 500 多年悠久歷史，是包含湯町、十日町、新湯、高松、葉山、河崎、金瓶等眾多溫泉的總稱，又有「鶴脛之湯」之說。傳說在長祿 2

1　鶴之休石模擬了「鶴脛之湯」傳說。
2　公共足湯隨處可見。

年（1458）時，一名自佐賀縣（當時為肥前國）前來行旅的僧侶，見到一隻小腿受傷的鶴，便以沼地湧出的泉湯為牠浸泡，果真後來傷癒而能自在飛翔。當年溫泉的發祥地「鶴之休石」便在上山城附近，還模擬當年的假想，有數隻白鶴立在源泉旁。

　　上山溫泉比鄰而立的溫泉旅館各有風情及優勢，有入選全國最佳溫泉旅館第 3 位的「日本之宿古窯」、評選為日本溫泉百選的「月岡飯店」，都是鄰近車站又十分有特色的溫泉飯店，不論在溫泉泉質、露天風呂景致到美食佳餚都十分到位，相較於其他地方，CP 值十分高。

　　除此之外，處處可見的足湯及公共浴場則充滿在地風情，為寒意的小鎮帶

|   |
|---|
| 1 |
| 2 |

1　春雨庵充滿意境。
2　庭園歪著頭的小菩薩相當可愛。

來濃濃的下町風情與溫暖氣息。光在市區,至今還留有 7 間公共浴湯,包括歷史最悠久、澤庵禪師也曾入浴的「下大湯」、「湯町的湯」、「二日町」等,不過來訪這些公共浴池可得有些方向感,曾好奇依著指示牌想一探究竟,才發現這些老舊的小浴場都十分隱密,全藏身在窄巷內。

## 春雨庵體驗禪風意境

離上山城步行 10 分鐘之距的「春雨庵」,是昔日澤庵禪師故居。寬永 6 年(1629 年)時,在幕府令下,禪師自京都大德寺被流放至此,卻備受上山城主土岐賴行的禮遇,贈以居所,並由禪師命名為「春雨庵」。禪師來到這裡後,也將詩歌、茶道、禪學等傳統美學文化傳承給當地人,備受大家愛戴。

當時禪師喜愛的「澤庵漬」也成了今日地方的代表名物。現存的春雨庵是依當年設計,在舊址重新復原而成,是山形縣的重要文化財,當年的春雨之井、茶室及聽雨亭等,今日看來仍是古樸且充滿意境,庭園裡一尊尊歪著頭的可愛小菩薩,表情各異,模樣更是可愛得讓人忍不住佇足端詳。

跟著電影《送行者》初訪冬日的上山溫泉,春日再訪,讓我對這小鎮有了更多的認識與喜愛,何況這裡還有鮮美多汁的果園等待夏日重會。小而美的城市,讓人回味往往遠超出期待。

| 上山溫泉 | |
| --- | --- |
| ⌂ | 山形縣上山市矢來 1 丁目 1-1(觀光協會) |
| 🚗 | 從山形站出發,搭乘山形新幹線至「かみのやま溫泉」站下車(車程約 9 分鐘,若搭乘奧羽本線,車程約 12 分鐘)。各景點約步行 1 ~ 20 分鐘不等。 |
| @ | kaminoyama-spa.com |
| 註 | 景點所需時間約 4 ~ 5 小時。 |

| 上山城 | |
| --- | --- |
| ⌂ | 上山市元城內 3-7 |
| ⏰ | 9:00 ~ 16:45(12/29 ~ 1/3 休館) |
| $ | 大人￥410;高中以上￥360;小、中學生￥50。 |
| @ | kaminoyama-castle.info/ |

| 武家屋敷 | |
| --- | --- |
| ⌂ | 上山市鶴脛町 1 丁目 |
| ⏰ | 9:00 ~ 16:45(週一、12/29 ~ 1/3 休館) |
| $ | 三輪家參觀費用:大人￥210;高中以上￥160￥;小、中學生￥50。 |

| 春雨庵 | |
| --- | --- |
| ⌂ | 山形縣上山市松山 2-10-12 |
| ⏰ | 8:00 ~ 17:00(每月第 3 週六、日)。 |

## 天童
てんどう

在天童當地流傳著這麼一則故事，昔日舞鶴山頂上，一群僧侶念佛誦經，梵唄唱和，突然之間笛聲、太鼓音齊鳴，曼妙樂音聲中，兩名童子自天而降，告知眾僧，記得建立寺院、為眾生念佛渡化，之後便消失。於是僧侶便以「二」、「人」降臨的含意，取名「天童山」，「天童」市一名也由此而來。在市區便有間「音樂盒博物館」紀念這美麗傳說，也珍藏及展示各國的古老音樂盒。

### 將棋製造發源地

不過今日的天童市，問及多數日本人，第一聯想到的卻是「將棋」，根據統計，天童市出產的日本將棋就占了全國產量的95%，從車站一出站，從大型紀念碑、地磚、人孔蓋、郵筒，無一不跟五角形將棋有關。將棋館林立，讓天童成了人文薈萃、名

1 人間將棋。
2 將棋之鄉。
3 昔日製造將棋，是許多人賴以維生的職業。

符其實的「將棋之鄉」。

　　日本的將棋類似臺灣象棋，但玩法完全不同。天童市的將棋發展興盛，也非起因於棋藝的精湛，而是江戶時代末期，武士階級俸祿少，生活清苦，但礙於身分又不能外出打零工，於是當時天童藩主的家老「吉田大八」想到妙法，認為將棋是兩軍布局戰鬥的比賽，製造將棋不但鍛鍊戰技，也不損及武士顏面，於是便自東京引進製作將棋的方式，並予以獎勵，開啟天童「將棋之鄉」的契機。

　　昔日天童的將棋，販售對象多是一般庶民，以山上砍筏的雜木製成棋子後，上面以黑漆書寫後便算完工，作工粗糙，售價低廉。明治時期時，隨著當地製棋職人能力增進，選用木材種類變化多，而發展出數種字體雕刻、漆寫方法，也讓天童將棋成了高級品的代名詞。

### 將棋成為祝賀用禮品

　　時至今日，大量工業化的結果，許多機器代替手工，職人逐漸衰退，但這

1　以仿將棋棋子造型的天童車站，獨特且具
　　地方代表性，獲選為東北車站百選之列。
2　將棋紀念品。

這項傳統工藝於是成為山形縣代表，天童市也將它做為城市行銷資源，不僅
僅具備娛樂功能，同時發展成形而上的意喻及祝福紀念品。

　當中最常被引用的棋子，除了「王將」，便是將「馬（うま）」倒過來寫，
日本稱為「左馬」，其發音倒過來唸成「まう（舞う）」，有祝賀之意。日
本人認為「馬」字的下方形似錢袋，將袋口綁緊可防止錢財流失。平常馬是
被人牽著走，而反過來是馬帶人來，有人潮到、財錢到，生意興隆的象徵。
而習慣上，一般來說自馬左側跨騎，所以帶著「左馬」的人，能帶來強運。
諸多說法，讓「左馬」在今日有了招財、招福之美喻，而成為當地的人氣紀
念品，特別是送給剛搬新家或做生意的人。

## 「人間將棋」祭典

中國唐宋時期傳入日本的將棋，經過重新分類後，玩法也不同。日本將棋分成王將、金將、銀將、桂馬、香車、角行、飛車、步兵等8類共40顆棋子，分成兩邊，雖然重點同樣是把敵方的「王將」將掉，但玩法複雜許多，有興趣的人，車站1樓的「將棋資料館」便有詳細說明。但比起研究遊戲新規則，若幸運遇上「人間將棋」祭典，即便不懂規則，也能體驗這複雜的樂趣。

天童著名的「人間將棋」，相傳是豐臣秀吉在成片盛開櫻花樹下，一時興起，命令家臣扮成棋子，於伏見城進行一場戶外棋賽，而將棋之鄉的天童市，每年於四月底的週末舉辦真人將棋，上場人員都以古代武士扮相，依不同的棋子角色，身穿不同甲冑，並佩帶刀劍。兩天活動中，各是兩場賽局，早上揭開序幕後，便是連串的祭拜儀式及演出，真正的棋賽則是下午才開始進行。

人間將棋由雙方主將耍劍比畫一番後，在刀劍鏗鏘聲及樂聲中，點燃火炬，兩方人馬各就各位後，正式點燃戰火。不過真正操盤者則是坐在高臺上的兩位名流棋士，並由同為棋士的主持人負責解說棋局，各角色隨著棋盤對奕而移動，被吃掉的棋子則步出棋盤。其實整個過程有些冗長，不懂將棋術語便難以融入其間，但氣勢磅礡的排場，倒讓人見識到趣味的一面。

人間將棋舉辦地的「舞鶴山」位居市中心，最早為天童古城址，只是城跡早已不復見，僅留下一紀念碑，如今成了市民的休閒地，園內有杜鵑花公園、楓葉園，但最代表的名景仍是春日，2千多株櫻花自山下一路盤旋至山頂，滿山遍野，最是美麗。

人間將棋會場的「將棋之森」位於舞鶴山山頂，正中央「王將」的供養塔及吉田大八像，讓世世代代的市民感念這昔日大臣，讓今日的天童得以立名於日本。來到山頂眺望臺，市區風景、遠處綿延不絕連峰盡收眼底，仍可感受昔日山城氣勢。

下了山，特別繞到倉津川，小小的川面，兩岸種滿枝垂櫻，設有數座連結橋樑，全以將棋命名，從車站方向依序為王將橋、銀將橋、步橋、金將橋、

| 1 | 2 |
|---|---|
| 3 | |

1 偌大的「將棋之森」棋盤在活動期間外，成了小朋友們玩樂的地盤。

2 王將飯店外設有免費的足湯「童之湯」，另在松伯亭則有「天之湯」。

3 天童飯店對街的「水車屋」，至今已經營至第五代，數百年來堅持以傳統水車推動石磨，把蕎麥磨成粉後，製成手工麵條。麵條口感紮實有咬勁，咀嚼後又能吃出淡淡的蕎麥香氣。

桂馬橋、飛車橋，也不知什麼理由，獨缺香車。人間四月天，來訪天童，無法進入將棋世界挑戰棋術，至少也將左馬的好運、財運帶回，畢竟春天教懂人們的語彙，除了招福，也要時時刻刻將幸福擁住。

**天童**

⌂ 山形県天童市本町 1-1-2（觀光協會）

🚗 從山形站搭乘山形新幹線站（約 11 分鐘，或搭乘奧羽本線，車程約 20 分鐘），至「天童」站下車，各景點約步行 1 ~ 20 分鐘不等。

@ www.bussan-tendo.gr.jp

註 櫻花季為 4 月下旬；景點所需時間：3 ~ 4 小時。

倉津川兩岸種滿枝垂櫻。

# 山寺
## やまでら

山寺一帶是昔日東北著名的佛教聖地，現在山下的商店住宅區，過去都曾是大大小小寺院、拜殿，也因此，從車站來到入山口，沿途建築風格一致，彷若留在同一時代。

### 梵音輕傳，走訪千年古剎

現所稱的「山寺」，實為「寶珠山立石寺」的統稱，是西元 860 年由慈覺大師開基的天臺宗古剎。山寺主要分成兩部分，一是入山階梯來到根本中堂這一區，地勢平坦，是創立之初的開山地；二是從登山口通往終點奧之院這一段，全程共 1015 級石階，路程約莫 1 小時，來訪前可得衡量自己的體力，倚著山坡曲折的石階步道一路往上，談不上輕鬆，但沿途樹蔭夾道，苔蘚鋪軟泥，大自然風、水侵蝕而形成的大小石穴、神形奇石，震撼視覺，古剎佛殿外，

不時驚見戴斗笠的小佛像在步道中探出頭，還有貼心加油語。

## 修行者參道，與天地對話

　　山寺寺境廣大，寺群依著整座寶珠山而建，參天古木，蓊蓊鬱鬱，從月臺眺望對面整片山，正是山寺全貌。下了車、步行過溪橋，沿途店家極少，卻十分熱情，從店家步出，視線所及非山即水，夏天來訪，換得一帖帖難得的沁涼，此時春日再訪，循著翠綠的小徑，山風清新，水澈淨透，天地這番美意，不能辜負。

　　於1356年重建的「根本中堂」，是日本現存最古老的櫸木建築，供奉當年開山師祖流傳至今的木作如來佛祖像，裡頭伴著開山至今，已逾千年不滅的長明燈。堂前一尊招福的彌勒菩薩像，光亮的肚腩可是信眾們為祈求好福氣的成果。再經日枝神社、寶物館及鐘樓後，便來到茅葺蓋的古樸山門前，付了入山拜觀費，一趟心靈與天地對話的修行之道自此一路展開。

　　行經掌管地獄惡鬼的奪衣婆「姥堂」後，來到參拜路中最嚴峻的「四寸

道」，巨石阻其間，青苔布滿的石徑愈形窄峭，僅約 4 寸（14 公分），只容得下 1 人獨自通行。人生再精采，終究得獨自面對所有經歷，難怪稱它為「修行者參道」。一抬頭，「蟬塚」石碑被一抹濃綠包圍，想起入口處松尾芭蕉形繪的句子：「萬籟俱寂，蟬鳴聲聲滲入石（閑さや巖にしみ入る蝉の声）。」當年俳聖或許正因四寸道難行而放慢了步伐，得以細細聆聽蟬鳴夏曲，此刻季節不逢時，蟬鳴未聞，但同樣人煙稀少，輕風穿林，空氣被過濾得清甜，與世隔絕卻不孤單的寧靜，正安撫著旅行中那股莫名的浮動。

## 山寺殿院，滌淨心靈

「彌陀洞」是極有意思的一處，幾經千年風化的垂直岩壁聳立於側，形色石雕中，據說若有緣在壁上看到一尊高約 4.8 公尺的阿彌陀佛像時，幸福便相隨，望著岩壁裡各式天地留下的奇形許久，想想何必一一對照，自在便幸福，何必在意有形的像呢？還是繼續前行吧！

轉個彎，一道長石階穿過仁王門，從這開始進入真正的修行道場。昔日山寺修行僧侶多，在不斷擴建下，留下今日數個殿堂，性相院、金乘院、中性院，還有摸佛頭得長壽的華藏院，這些還不包括建居山崖上，現已封鎖參拜道路的胎內堂、釋迦堂。恰如「寶珠山立石寺」之名，成串如珍寶的國家文化財，秩序地錯落在岩崖山徑間，等待有緣人前來挖寶。

持續的步行中，光影、氣味、和風的觸感漸漸清晰，待心靜時，目的地也到了。來到終點「奧之院」，如願參拜莊嚴的金色釋迦牟尼佛像，一路的修行之道也在金碧輝煌下圓滿結束。但山寺眾多殿院中，我獨偏好建在岩壁上的納經堂、開山堂及五大堂，所以習慣先登上奧之院後，回程再從側邊參道前來這幾處壓箱寶地。

香油薰染的氣味，是時間沉澱下來的緩緩耳語。納經堂是山寺內歷史最悠久的建物，開山堂則供奉慈覺大師，裡頭有柱千年不滅的常香相伴。從一旁小路往上爬，便可來到祀奉五大明王的五大堂，這是山寺眾院中唯一建有舞臺的佛殿，木板地傳來嘎嘎作響聲，心靈沉浸在古寺的種種美好中，遠望層

| 1 | 2 |
|   | 3 |
|   | 4 |

1　四寸道被稱為「修行者參道」。
2　蟬塚綠意濃密，得松尾芭蕉喜愛。
3　穿過仁王門，就是真正的修行道場。
4　奧之院是參道終點。

　　層山巒在斜陽下相互交疊；近觀山腳那縮小如模型的老車站、古民宅，山間的春風、千年時光的回音如佛心，竟溫柔地令人好生感動。

### 消除煩惱 108 階

　　相較於迂迴的登山路，回程從山門另一側來到立石寺本坊後，幾步階梯，人已下山返回車站。站在回程月臺上，再次細數剛剛所到之點，腦子浮現登山口旁的木牌內容：「煩惱數 108 階，一階一階往上爬，煩惱全消去。」幽靜讓心平靜，樸實讓身自在，隨著遠山梵音輕傳，山中奧意、世間煩惱早已跟著這趟旅程，一股腦散去。

| 1 | |
|---|---|
| 2 | 3 |

1　消除煩惱 108 階。

2　五大堂可眺望層層山巒，
　心靈變得平靜。

3　山寺車站設有站內展望臺，
　可從這眺望山寺全貌。

## 山寺

⌂　山形県山形市山寺 4495-15(觀光協會)。

🚗　1. 從東京出發，搭乘東北新幹線至仙台站
　　或搭乘山形新幹線至山形站(車程約 3
　　小時 20 分鐘)。

　　2. 從 JR 山形站、仙台站出發，搭乘仙山
　　線至「山寺」站(車程 20 分鐘)，步
　　行約 7 分鐘可達入山口。

🕐　8：00 ～ 17：00 (不定休，請見網站年
　　度行事曆。但因全為登山石階，冬季下雪
　　及雨天前往較危險)。

$　費用(山門～奧之院)：¥300。

@　www.yamaderakankou.com

註　景點所需時間：3 ～ 4 小時。

## 銀山温泉
### ぎんざんおんせん

探訪過日本形形色色溫泉鄉，小小的銀山溫泉絕對是我心目中的前 3 名！從大石田站搭乘巴士，近半個鐘頭車程，沿途不是山景，就是田地，連民宅都難得出現。溫泉鄉位於巴士站下方，從高處眺望，木造老式旅館、石坂道、小橋、瓦斯燈、潺潺水流，彷彿走進遺世獨立的日式童話王國。

### 盛產銀礦而得名

早年因銀礦產地而得名的銀山溫泉，歷史悠久，400 多年前因礦工無意間發掘溫泉泉源，不再採礦後，就轉型為著名的溫泉保健療養地。現今的銀山溫泉街景，是 1913 年時慘遭洪水破壞後重新建立，因日劇《阿信》曾在此取景而風靡一時。

漫步行經白銀橋，才一踏上石板鋪成的溫泉散步

街道，入口處的足湯「和樂」，捧著暖泉熱情地迎接訪客。這裡是眺望銀山溫泉古街全貌的最佳視野，一邊享受足湯，一邊眺望著遠山帶來的四季美景；冬季時，足湯溫度維持源泉的 55 度高溫，眼前氤氳霧氣白茫茫、熱呼呼的，腳完全伸不進池中，倒是讓大雪覆蓋下的街道有了溫度，身心也跟著暖呼呼。

### 大正浪漫風情，歷史質感兼具

我特別喜歡來回穿梭橫架川面的木造小橋，每隔幾步就一座，次序性地沿川道排列，少了小橋，銀山溫泉可就不對味。同樣融入小鎮風景的，還有兩旁一間間別具特色的旅館。銀山溫泉僅有 13 家旅館，完整地保留大正至昭和初期的木造老式旅館，建築風格類似，憑藉的是自家歷史、故事及賣點，加上房間數少，旺季時常供不應求。

其中因拍攝《阿信》而聞名的旅館「能登屋」，建造於大正 10 年，被登錄

1 銀山溫泉的旅館建築，可一窺大正風格圖騰。
2 據說《神隱少女》的油屋曾參考能登屋的樣貌。

日本「國家有形文化財」之列，外觀氣勢凌人，珍貴的鏝繪浮門柱、玄關處是一大建築特色，有一說是宮崎駿的《神隱少女》中的油屋也曾參考過能登屋的樣貌。

與歷史旅館「古勢起屋別館」同集團的「銀山莊」，稍遠離溫泉街區，但現代感建築與絕佳地勢景觀，正好將銀山川、溫泉街全景納入視野，還能舒舒服服地斜躺滿是木香的露天寢湯中眺望美景。

同樣以大視野取勝的還有位於街道盡頭的「瀧見館」，「瀧」是日文「瀑布」之意，與白銀瀑布隔川對望，占盡地美之便的寫意之情。飯店內還推出每日限量 50 組的尾花澤手工蕎麥麵更是高人氣，得一早先去預約，才有機會品嘗到呢！

話題的人氣旅館首推「藤屋」，曾多次在廣告、媒體曝光的旅館女主人

1　白銀瀑布。
2　藤屋由隈研吾打造，有日本唯一的外國人女將。

Jeanie，是日本唯一的外國人女將，2006 年請來建築大師隈研吾操刀改建，以日式傳統建築中的縱格細木詮釋現代建築的美感，白天的陽光、夜晚的燈光，透過細縫低調展現時尚美感及日式禪意，一眼就令人印象深刻，卻又能融入街道風情中，完全不過度搶鏡。

## 夏、冬皆有不同風情

　　銀山溫泉很迷你，慢慢散步大約 2、3 小時就可逛完。若未留宿又想享受銀山溫泉，許多旅館也有提供日歸型泡湯服務，只是多採限額預約，冬天旺季時常一早就被預約一空，不妨考慮街區兩間公共浴池「しろばね湯」或「大湯（かじか湯）」。白銀橋旁由隈研吾設計的「しろばね湯」，小小三角型的湯池空間，男女湯以上下樓層區別，透過縱木縫隙，邊泡湯邊眺望街道風景，但從外部往裡面看，可是什麼也看不見。

　　銀山街道盡頭還留有延澤銀山礦山遺跡。除冬季因大雪覆蓋關閉外，其他季節都開放讓遊客從容地著浴衣、跐屐木，在廢礦區內遊覽。夏季的銀山溫泉，每逢週六晚間的花笠舞是重頭戲，以街道及小橋為舞臺，整齊而活力十

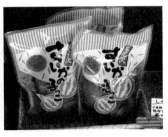

1 阿信悲慘童年的精神支柱——木製人形娃娃，以圓頭、圓柱身形，手工彩繪出獨一無二的娃娃，其原產地就在銀山溫泉街上的「伊豆こけし」，成為當地最具人氣的紀念品。現更推出以出生嬰娃同比例的誕生紀念人形娃娃。

2 位於街道盡頭的「はいからさん通り」，店內咖哩麵包是人氣限定品，各式口味的ぐちら年糕也是招牌。

3 銀山溫泉所在的花尾澤地區夏天產西瓜，當地人習慣將盛產的西瓜做成西瓜漬。

足的舞步，將街道炒得沸沸揚揚。

　　冬雪下的銀山溫泉，世界倏然靜默，空靈至極的夢幻國度中，屋簷下的雪柱襯著陽光晶亮耀眼，溫泉熱氣穿流在清冽的川水與大塊浮冰間，冷空氣中，身體早已融入這片天鵝般的潔白地景，柔軟如棉絮，寒凍都不成難題，只顧興奮地沿著積雪道路步行，留下一排長長足印。

　　一路，我只聽見自己的呼吸聲，偶爾自松樹或屋簷掉落的細雪塊，撩起騷動，為幽靜的天地敲出冬雪的天籟。

### 銀山溫泉

🚗 1. 從山形站出發，搭乘山形新幹線（車程約 34 分鐘）、奧羽本線急行（約 40 分鐘）於「大石田站」站下車，轉乘巴士「銀山溫泉はながさ号」（約 40 分鐘）於銀山溫泉（終點）下車。

2. 「銀山溫泉はながさ号」班表：
大石田站發車
9:50　12:35　14:10　15:55　17:45
銀山溫泉發車
8:25　10:35　13:25　14:55　16:35　18:21
※ 建議搭乘前先上網確認：www.hanagasa-bus-taisei.co.jp/base.html

🕐 街區內各店營業時間不同，但 5 ~ 10 月之週六配合花笠舞演出，多會延長營業時間。

@ www.ginzanonsen.jp

註 銀山溫泉旅館多有提供免費接駁巴士服務；景點所需時間：2 ~ 3 小時。

## 最上川
### もがみがわ

俳聖松尾芭蕉旅行到此,寫下「五月雨濛濛,朝遊最上川」,讚嘆最上川浪漫的秀麗風光。

雨天不是適合旅行的好時機,但遊最上川或許是例外,至少來訪時恰逢詩中情境。細雨濛瀧,氤氳山嵐為群山添了詩意,船舟上聆聽船夫吟詠著傳統歌謠,浮上腦海的卻是中國古詩,那輕舟已過萬重山的意境。

### 搭上方舟,體驗詩意風景

最上川是日本三大急流之一,全長 200 多公里,貫穿整個山形縣中部,當地人以「山形縣之母」尊稱它,因水流湍急,在舟船運輸的江戶時代可是扮演著最重要的河運大道。川岸層層山峰隨著四季披染不同色彩,明媚風光連昭和天皇也難以抵擋,在造訪地後便以「最上川」為名,創作出讚嘆河川之美的詩篇,在經譜曲及當地縣民廣為傳唱後,現則明訂為山形縣縣歌。

1 最上川沿途有許多瀑布。
2 船家服裝也頗有意境。

1
2

　　若要體驗俳聖搭乘方舟（最上川
舟下り）的浪漫樂趣，首屈一指熱門
觀光地則位於最上游的「最上峽」。
群山包圍的最上峽，沿途高達 48 處
瀑布穿插其間，來前時正值紅葉季
節，兩邊山林被染成多層次橙紅相間
色彩，倒映在河面，自然美景不在話
下，跟著船家歌聲採拾美麗的水上時
光，讓回憶流入心田。

| 最上川 |
| --- |
| 🚗 從山形站出發，搭乘山形新幹線於新庄站轉乘 JR 陸羽西線，並依下列不同船公司在不同站下車。 |

| 最上峽芭蕉線（芭蕉ライン） |
| --- |
| 特　航程較長，可感受最上川急流特色及沿途風光之美。 |
| 🕘 9：00 ~ 16：00（全年無休）。 |
| 🚗 由新庄搭乘 JR 陸羽西線於「古口」站下車，步行約 5 分鐘至乘船處。乘船處：古口本社港（戶沢藩船番所）；下船處：草薙溫泉港（最上川リバーポート）。 |
| $　遊船單程：1 小時（單程者可自下船處搭接駁巴士至 JR 古口站（￥400）或高屋站（￥200）。<br><br>單程　成人￥2200；兒童￥1100<br>往返　成人￥2900；兒童￥1450<br><br>船行時刻表：9：30／10：50／11：50／12：50／13：50／14：50／15：30。 |
| @ www.blf.co.jp（日） |

| 義經浪漫線（義経ロマン） |
| --- |
| 特　循環式航行，行經著名的仙人堂，可在此下船停留，享用手工蕎麥麵或著名清泉咖啡。 |
| 🕘 9：00 ~ 16：00（全年無休）。 |
| 🚗 由新庄搭乘 JR 陸羽西線「高屋站」站下車，步行約 2 分鐘至乘船處。乘船處：高屋船乘船處（JR 高屋站下車步行 2 分鐘），單程時間為 1 小時。 |
| $　成人￥1900；兒童￥950（另有含餐套裝行程）。<br><br>船行時刻表：<br>平日（班距 45 ~ 60 分鐘，每日航班時間略有不同）<br>10：00　　11：30<br>13：00　　14：20<br>週末、假日自 10：00 ~ 15：00，每整點一班次。 |
| @ www.mogamigawa.jp（日） |

著傳統服飾的可愛工作人員。

櫸木之道幽靜小徑區。

## 酒田
### さかた

記憶中，第一次在日本感受褪盡繁華後的城市荒涼，是在與酒田相遇後。

### 山居倉庫蘊涵酒田文化

「西有堺港（大阪），東有酒田」，酒田是山形縣內最靠近日本海的城市，位居河運要道最上川、新井田川匯流處。江戶時代，庄內的優質米、染料紅花等農作物沿著最上川流域載運來此，再海運銷售至大阪、東京等大城市。為應付大量物資倉儲，便在兩川交匯的三角洲地建蓋山居倉庫，成了當年繁華一時的歷史見證。

此為酒田最鮮明的地標，觀光客均集中在此 1893 年由舊庄內藩酒井家委託高橋兼吉建造，完工時為成排 14 棟，轉由日本農業協會收為國有後，現存 12

採用雙層構造設計的屋簷，是為了避免太陽直射，讓米得以完善保存。

棟。雙層屋簷、黑木白壁特色的糧庫，百年來一直扮演著支撐著山形農作物的經濟命脈，不同於其他城市多將倉庫改造為商店，目前1號館改建為「庄內米資料館」，展示庄內米的歷史及生活情景，11、12號館則為觀光物產館「酒田夢之俱樂部」，其他9棟仍保有米糧農作的倉儲功能。

在觀光物產館中，「華之館」介紹了酒田之歷史文化及美學企畫展，「幸之館」則販售當地傳統藝品及當地季節食材及名物。餓了、累了，還能在附屬的芳香亭餐廳，飽食一餐香Q好吃的庄內米及山形鄉土料理。

相較於倉庫內人聲鼎沸，後方成排的欅木之道幽靜如林徑，當年用以夏日遮陽、冬日阻隔海風，防止米糧變質而栽種的林木，百年過後，這些樹齡超過150年的巨木已高過建物，形成一條古色古香的散步道，和一旁的三居稻荷神社守護著酒田的今昔。

橫跨山居木橋來到對岸，沿著新井田川來到船形屋搭乘處，這條昔日熙來攘往的運米要道，往返舟船早不復見，取而代之的反而是電影《送行者》中

```
    1
  2   3
      4
```

1　相馬樓前的「日吉町石疊」路，保有
　　當年酒田城市風情，已列入國家文化
　　財，也曾出現在電影《送行者》中。
2　相馬樓內部仍可看出昔日風華。
3　珍貴的「雛之藏」。
4　迴廊上鋪著朱紅色地毯，甚是華麗。

的片段畫面。

海風拂面、歷史韻味繚繞，來到當地市民郊遊踏青的日和山公園。緊臨港口的這座港町公園記錄著酒田港的航海文史。入口處的小水池中有 18 世紀遺留至今的大型木造貨船「千石船」，園內還保存著昔日船民用以觀察出海天氣的指南，包括日本現存最古老的木製六角燈塔、方位石、常夜燈等。來到半山腰，隔著日本海，正是眺望對面飛鳥島的絕佳地。

## 「相馬樓」繁華仍存

紅極於江戶時代的酒田，白天是熱絡的商場交易城；夜晚的歡樂街則化身為富商們爭權奪勢的角力地，一場場奢華而熱鬧的商界聚會中，杯光觴影、把酒言歡間，生意也成交了，發達了料亭文化，也讓能歌善舞的酒田舞孃成了港町文化的一景。

創立於江戶時代的「相馬屋」，修復後以「相馬樓」之名重新開幕，結合料亭、舞孃歌舞表演等傳統藝能，樓主新田嘉收藏的竹久夢二名畫、陶瓷器與美術品也在此展出。不過最讓人大開眼界的應是「雛之藏」，裡頭除了近代的「新雛」，還有極為珍貴華麗的「古雛」人偶。

相馬樓的空間讓人印象深刻。一入玄關，迎面而來的是數個燈燭臺有如「雛吊飾」般自天花板垂下，以松竹梅、扇、鼓等金箔圖騰為壁飾，朱紅梯杆、地毯提亮了所有視覺。

穿梭在長迴廊，嬌豔欲滴的朱紅色地毯、傳統日式木造樑柱、榻榻米、華麗屏風，微黃的燈光映著奢華氣息，濃濃的大和華麗風情溢滿整屋子。我想起電影《惡女花魁》中那濃烈到近似靡爛的燦紅，游移在相馬樓空間，如同電影中勾勒出的繁華風韻，讓人震撼又迷戀。

## 女兒節及日本三大傘福飾品（雛の吊し飾り雛）

　　3月3日是日本的女兒節（又稱桃花節），家中有女兒的父母會在2週前設雛壇（「雛」為日文「小」之意，同指女兒節用的人偶娃娃），上方擺放雛人偶、飾品，供奉酒、女兒節年糕，祈求消災除厄、平安成長，直至女兒節後才收起。

　　除了雛壇，許多城市還會在兩旁吊掛布偶，其中又以酒田、伊豆稻取（雛の吊し飾り）、福岡柳川（さげもん）並列日本三大著名布偶吊飾，酒田的「傘福」，是以日式大傘為主幹，用和布手工縫製成各種人偶、小動物或生活品等布偶飾物，並懸掛於傘幕下方，祈求幸福、平安。

| 酒田 |
|---|
| 🚗 1. 從山形站出發，搭乘新幹線至新庄站後，搭乘陸羽西線可直結羽越本線（在余目站不需轉乘），直達酒田站（從新庄出發車程約1小時）；從東京出發，建議先至新潟後（約1.5小時），轉乘羽越本線（約2小時）較為便利，可在週末及日本假期搭乘閃亮號，唯1天僅1班次，且全車指定席，需先購票或畫位。<br>2.JR羽越本線「酒田」站下車，可搭乘るんるん市區巡迴巴士（多線）、單車、步行皆可觀光市區。 |

| 山居倉庫 |
|---|
| ⌂ 酒田市山居町1-1-20。 |
| ⏲ 9：00～18：00（1/1休息；庄內米歷史資料館至17：00，12～2月至16：30）。 |
| 🚗 巴士「山居町東」站下車或步行約20分鐘。 |
| $ 庄內米歷史資料館門票：大人￥300。 |

| 相馬樓 |
|---|
| ⌂ 酒田市日吉町一丁目舞娘坂。 |
| ⏲ 10：00～17：00（每週三及年末、年初休息） |
| 🚗 自車站搭乘るんるん市區巡迴巴士於「壽町」站下車或自車站步行約15分鐘。 |
| $ 參觀費用<br>大人￥700；國高中生￥500；小學生￥300。<br>舞孃表演觀賞<br>￥1000　演出時間為14：00開始，約15分鐘。<br>舞孃便當<br>￥3500　需1日前預約，用餐時間12：00～13：00。<br>預約電話：0234-21-2924 |

@
酒田觀光：www.sakata-kankou.com/
相馬樓：www.somaro.net/
るんるん巴士：www.city.sakata.lg.jp/ou/shoko/kowan/kotsu/files/basu/27-4_zikokuhyo/migi-zikoku.pdf
註 盛岡城櫻花時間為4月中～下旬；景點所需時間約15～20分鐘。

# 山形縣鄉土滋味

### 櫻桃

　　櫻桃樹是山形縣樹，櫻桃占全國生產量的 7 成，夏天來訪時，到處可吃得到新鮮櫻桃，還有櫻桃果園可提供現摘樂趣。而以櫻桃為成分的冰淇淋、酒等相關製品，甚至紀念品，都很有當地代表性。除此之外，山形的葡萄、西洋梨也都十分有名。

### 米澤牛

　　西之松阪、東之米澤牛肉。米澤牛以肉質細嫩為特徵，在近年排名中，有時還凌駕另兩大和牛──神戶、松阪牛，躍居第 1。不過排名是變動的，至少確認的是，無論在美味或品質都屬特級品的米澤牛，除了用來烤、或鍋物，在米澤市還有各式便當及少有的米澤牛拉麵。而市區的「登起波米澤牛」百年老店，更是其中代表。

### 芋煮鍋

　　以當地芋頭、牛肉、蒟蒻、長葱等山形食材，調味後慢火燉煮到所有材料柔軟入味即成，是當地很容易吃得到的在地美食，在秋天時還有「日本第一芋煮會」，以直徑 6 公尺大的超大巨鍋，得動用怪手才能放在材燒爐上，烹煮這足以供 3 萬人共享的好滋味。

### 稻花餅

　　包著豆沙餡的白色麻糬，盛在竹葉上的稻花餅，代表著盛收稻穗，昔日用以供奉當地神佛，祈求五穀豐收，現則成為當地著名特產。

### 蒟蒻丸串

　　蒟蒻是山形特產，幾乎在每一站新幹線的商店街內，都可看到以大鍋滷煮的蒟蒻丸，1 串 100 日圓，沾點芥末，熱呼呼的 Q 彈滋味，讓人隨時都想來一串。

第五篇

岩手縣
いわて Iwate

# 搭上銀河鐵道列車，尋找幸福國度

## ● 行程建議

1. 東北新幹線在岩手縣共停留 7 站，含秋田新幹線上的雫石站，高達 8 站，熱門景點集中在一之關、新花卷、盛岡等站，各站之本書景點集中，單一車站皆可於 1～2 日內走訪完。

2. 久慈站鄰近景點因日劇《小海女》在此取景而知名，從二戶站搭乘 JR 巴士，再轉搭當地巴士前往最方便，但頗為耗時，欲前往最好選擇假日，車班較多。

## ● 住宿建議

盛岡站周邊有商務及大型飯店，用餐也方便。可選擇車站到開運橋、旭橋一帶，對於以列車旅行的人最方便。前往平泉或花卷景點，可入住溫泉旅館，或市區當日來回亦可。

## ● 旅遊小叮嚀

岩手縣幅員遼闊，郊區景點略為分散，多得再轉乘，初次來訪，不妨以新幹線沿線車站及鄰近延伸景點為主，位置較集中，也較省時。

## ● 參考網站

岩手縣觀光官網：www.iwatetabi.jp/（含繁中版）

# 盛岡市
もりおかし

來到盛岡站，北上川流經其間，得先行經開運橋或旭橋，才能來到熱鬧的市中心。而中津川又將市區畫出熱鬧商城與古意舊街兩樣風情。從車站搭乘市區循環巴士「蝸牛號」，跟著詩人的青春腳步，在城市中找故事、尋靈感，嘗嘗道地美味。

## 文學與藝術並存的光原社

幾乎與岩手縣畫上等號的宮澤賢治，從車站附近的旭橋即可眺望到偌大的宮澤賢治像及「光原社」招牌。宮澤賢治雖然多才，寫作卻不得意，《要求特別多的餐廳》是他生前唯二出版的作品之一，出版商正是創業於 1924 年的「光原社」，出版社早已關門大吉，轉型成漆器等手工藝品店，在盛岡市區有數家分店。本店極有意思，從展示及販賣店旁的西式大門，圍繞著庭園，園中的民藝店「カムパネ

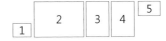

1　光原社內部庭園，復古詩意。
2　光原社出版了宮澤賢治的作品。
3　宮澤賢治塑像。
4　材木町街上有許多宮澤賢治作品元素。
5　光原社中庭白壁上，是宮澤賢治的詩作。

ラ」、咖啡館「可否館」各以和風、洋式建築，販售昔日南部職人之作，在復古風情的紅磚綠意裡，啜飲文藝。40 年前的老建築「マヂエル館」也在重新整修後，展示當年創辦人與賢治生前第一份出版作品的書稿。

光原社所在的「材木町」迷人而有特色。僅 400 公尺長的商店街從旭橋來到夕顏瀨橋，木造街燈、休憩椅，筆直街道上處處是宮澤賢治的影子。從人形、大提琴雕像，還有以石座、音座、花座、詩座、絹座及星座為主題的公共藝術，風雅有詩意。途經有趣的鐵道專門店、美味麵包坊，來到盡頭處的「蛭子屋 小野染彩所」，是 1599 年便開業至今的老鋪，為了將昔日「南部藩」的傳統工藝保存下來，結合傳統武家紋樣應用及印染技術，讓代代相傳的職人精神得以應用及推廣。

在岩手縣常會看到以「南部」掛首的各式名物，南部並非地名，也非指岩手縣南部，而是江戶藩治時代，盛岡市位於當時「南部藩」，由藩主是南部氏所統治。

| 1 | 2 |
| 3 | 4 |

1　蛭子屋 小野染彩所是 400 多年歷史老鋪。
2　啄木賢治青春館。
3　啄木新婚之家。
4　舊岩手銀行。

## 從詩中體會生活況味

　　原以為岩手縣只有宮澤賢治，來到「啄木新婚之家」才認識了短句詩人
——石川啄木。比賢治更早歿世的啄木，短短 27 年生命中，創作力豐富，還
曾躍居明治時期 5 大重要文學家，在市區的河堤公園、城崗遺址都很容易讀
到他的詩碑。

　　好奇翻閱他的詩作，幾乎每篇不超過 3 句的短詩，讀來卻韻味十足。重要
的是，貼近百姓生活的題材，淺顯易懂，難怪島耕作也在漫畫中不只一次引
用他的詩。

　　啄木的作品道出上班族工作、生活兩頭燒的苦悶，還有不少以家庭生活爭

吵為主題，卻在吵吵鬧鬧中讀到他與愛妻的甜蜜。入口處還懸掛著舊址門牌的「啄木新婚之家」，四疊半榻榻米木造平房中，小歸小，但對於當時沉浸在新婚喜悅的啄木，可謂甘之若飴，曾以作品〈我的四疊半〉描繪兩人的快樂生活，即便粗茶淡飯，卻是幸福的所在。

中津川流經的左岸，位於「盛岡巴士中心（盛岡バスセンター）」站不遠的「啄木賢治青春館」，能更進一步了解兩位文學家。

屋外是美麗的羅馬式建築，屋內則集合了兩大文學家的青春記事，展示其著作、書信真跡，滿屋子的文學況味與咖啡香味，想起美國詩人烏爾曼的《青春》裡寫道：「青春不是人生的一段時光，而是一種心境。」兩位英年早逝的才子，留給後人的是青春帶來堅韌的意志，豐富的想像力，無窮的激情，更是生命深處的一股清泉。

## 老建築裡的悠長故事

步出青春館時，佇立在街區十字路口的「舊岩手銀行」，紅白磚瓦的建築完成於明治 44 年（1911），同樣出自於明治洋風建築界權威、東京車站的設計師辰野金吾之手，由他與岩手縣出身葛西萬司合力完成這百年建築。

以明治風格建築為起點，跟著直覺往街巷走進，瞬間如被時光機捲進，掉入大正時代，對比另一側商店街裡的熱鬧，這側則來到百年前的悠緩時光，以川為界限，位於「中之橋」到「上之橋」這一段，從地區畫分，則位於吳服町・六日町、連結葺手町、紺屋町、鍛冶町及紙町等幾個區域，下町風情老建築，為市區帶來截然不同的歷史韻味。

這一區是昔日城下町主要商業中心，從明治時期就一直是銀行的大本營，除了舊岩手銀行，花岡岩壁、石雕為建材的「盛岡信用金庫本行」同樣是繁華的見證，因此吸引許多富商豪宅群聚於此，讓這一帶職人輩出，留下許多代表藝品及百年特色老鋪。

1　紺屋町番屋是大正時期建築。
2　釜定是南部鐵器專賣店。
3　老舖白澤煎餅可買到盛岡特產。
4　別忘了嘗嘗東家的碗蕎麥。

## 鎮守老街的職人逸品

職人集中的「葺手町」，南部鐵器專賣店「釜定」以民宅為賣場，從傳統壺、器具、風鈴到設計得獎鍋，一屋子都想打包帶回家的逸品，在傳統老房裡更有味道。對街已列入保存建造物的長屋，是日式雜貨屋「茣蓙九（ござ九）」，空間中聞得到百年時光味，各式手工掃帚、棕刷、草履鞋、手編竹器、木工藝品，不刻意裝潢擺飾，卻是識貨行家眼中的寶貝。

這一帶昔日染布業發達而形成「紺屋町」，今日染坊已落沒，僅「草紫堂」以傳統南部紫根染沿續至今。街區的盛岡消防團第五分團「紺屋町番屋」是最鮮明的地標，這棟完工於大正年間的洋風建築可是現役中的活古蹟，白牆紅瓦的外觀，建有展望樓，可眺望市街。穿梭在迷人的町區巷弄，歷史建築是昔日記憶的縮景，何況還有數不清的特色老舖與地方美食，都讓人想念不已。

## 老店美食，不容錯過

創業於明治40年「東家」本店，是以盛岡名物碗蕎麥聞名的老舖；鄰近的咖哩工房「Chalten」則可吃到種類繁多的咖哩；對街老咖啡屋「可否六分儀」內裝復古，以專業手沖咖啡為特色，喝來溫潤有層次；紺屋町番屋斜對角的「老舖白澤煎餅」，是盛岡南部煎餅專賣店，以芝麻煎餅為主，比傳統仙貝口感更薄脆，香氣濃郁的芝麻是經典口味，還有以當地食材製成的冷麵、鹹胡桃、唐辛子等新奇口味，滿足愛嘗鮮的人；另一家老舖「丸竹」是明治5年創業的傳統和菓子店，以各式傳統年糕、大福及麻糬等聞名。一路還有紅茶專門店、有機餐廳、特色咖啡館，小小街區，花樣多到讓人目不遐給。

來到中津川下游的上之橋一帶，這裡集合許多藏造倉庫的老建築，包括盛岡市出身的畫家深澤紅子「野花美術館」、地酒「菊之司」，及街底的黑漆藏造屋「彩園子」，這由明治末期舊井彌商店改建而成的藝廊，除定期展出，也附設專業麵包食材店「盛岡正食普及會」、喫茶店「一茶寮」等。

| 1 | 2 |

1 石割櫻宛若當地人精神象徵。
2 上之橋保有木造橋欄，橋上有 1609 年慶長年間的擬寶珠 8 座、1911 年的 10 座，十分珍稀，列入國家指定重要美術品。

## 偶然與巧合的生命協奏曲

樹齡長達 360 多年的石割櫻，一直是盛岡市區的一大奇景。

繁櫻盛開的日本櫻花，多以櫻花品種或盛大而聞名，但位於盛岡市裁判所大門前的石割櫻，一枝獨秀，屬江戶彼岸櫻，早在 1923 年就被封為國家天然紀念物，每年櫻花盛開之際，更是盛況空前。

350 多年前，石割櫻現址是南部藩主的宅邸庭園，一顆偶來的櫻花種子，隨風飄落在雷擊裂中的花崗岩縫隙中，岩縫中綻放出粉嫩櫻花，當地人總愛以「櫻雲石」讚嘆這奇景；數百個寒暑過後，如今不但樹高超過 10 公尺，枝幹向外延伸幅度長達 17 公尺，現在每年還以 1 釐米的速度撐開巨石，繼續成長。

石割櫻也是盛岡的櫻花風向球，總提前為城市捎來春天的訊息。因包覆樹根的花崗岩極具保溫、散熱效果，嚴酷冬雪後，巨石上的積雪融化得快，微妙的共生關係，讓石割櫻成了市區最早盛開的櫻花樹。

1　小孩也會打太鼓。
2　三颯舞是可讓遊客與舞者一起跳的同歡活動！
3　標準的三颯舞需使用直徑 1 尺 7 寸（約 50 公分）、重 6 ～ 7 公斤的太鼓，每 3 萬參加人數中，舞者與鼓者比例約 5：4。

　　1932 年時盛岡地方裁判所一場大火，緊鄰在旁的石割櫻也著火，所幸當時的園藝師藤村治太郎奮不顧身，以淋濕的身體保護櫻木，當隔年櫻花再次綻放時，眾人莫不開心至極，這段英勇救樹的佳話，隨著老樹故事在當地流傳著，更宣告著強韌的生命力綿延不絕。

## 一起跳「三颯舞」召喚幸福

　　每年夏天，名列東北六祭的「三颯舞（さんさ踊り）」於 8 月 1 ～ 4 日在鬧街歡跳。三颯舞的起源，傳說是在三石神社中，神明打敗惡鬼後，惡鬼求繞並發誓不再前來搗蛋，並在巨岩石上留下了手印，「岩手」一名由此而來。開心的村民為了慶祝擊退惡鬼，便圍著石頭跳舞歡慶，擊太鼓聲響遍山谷，警告被治退的惡鬼不要再回來。如今，三颯舞成了岩手夏日祭典的代表，祭典期間，由公司、學校或市民團體等組成 200 多個團體，大小朋友身著團體浴衣，在太鼓聲、笛鳴下，口喊「さっこら（幸呼來）　ちょいわ　やっせ（Sakkora Cyoiwa Yasse）」，邊跳舞、邊遊大街，聲聲「召喚幸福」。

每年超過萬人參與的三颯舞，超親民、超熱情，不同於睡魔祭、竿燈祭需要獨門技巧，人人都能一起舞在其中，樂在其中！每年遊行後的「大圈團舞（輪踊り）」，便是讓參與祭典的遊客與三颯舞小姐一同演出。2007年時，盛岡市還以「世界第一太鼓大遊行」及「大圈團舞」參與人數，紛紛獲得世界金氏紀錄，也意外讓祭典中所使用的傳統手工太鼓店傳承至今。

　　盛岡市交通便利、市區熱鬧、觀光點集中，老街區更是吸引人，我像是閱讀著詩人的故鄉，讀著讀著，在拉長光譜、放慢節奏的鏡頭下，和更多不同風景相逢，有音樂、有文學性、有青春的回憶……

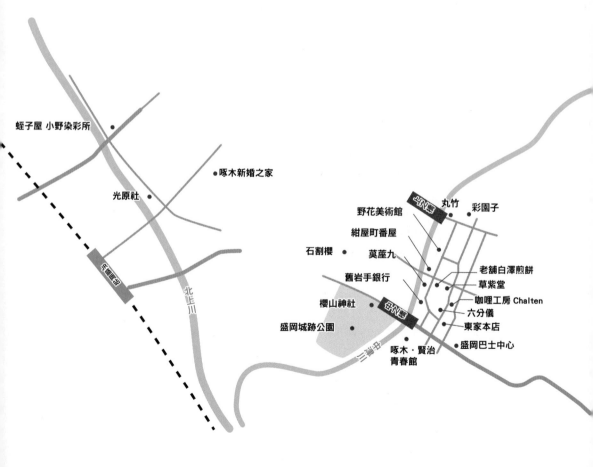

## 盛岡市

🚗 從東京出發搭乘東北新幹線,於JR「盛岡」站下車。啄木新婚之家可搭乘都心循環巴士「でんでんむし蝸牛號」於「啄木新婚の家口」下車;青春館及本文介紹各區在「盛岡巴士中心」下車。

蝸牛號。

$ (循環巴士單程￥100;一日券￥300)。

## 光原社

⌂ 岩手縣盛岡市材木町2–18。

🕐 10:00 ~ 18:00(1/5 ~ 3/15．10:00 ~ 17:30);每月15日休館。

@ morioka-kogensya.sakura.ne.jp/sub2.html

## 啄木新婚之家

⌂ 盛岡市中央通三丁目17118。

🕐 8:30 ~ 18:00(12 ~ 3月9:00 ~ 16:00);12 ~ 3月週二休館。

@ www.iwatetabi.jp/spot/detail/03201/673.html

## 啄木賢治青春館

⌂ 盛岡市中ノ橋通1-1-25。

🕐 10:00 ~ 18:00;每月第2週週二、新年期間休館。

@ www.odette.or.jp/seishunkan

## 石割櫻

⌂ 岩手縣盛岡市內丸9-1。

🚗 從JR「盛岡」站步行20分鐘;或搭乘「蝸牛號」至「中央通1丁目」站下車,步行1分鐘,正對著櫻山神社參道即是;或搭乘市區巴士於「縣庁‧市役所前」站下車。

🕐 櫻花祭期間:約莫4月中 ~ 下旬(有夜間點燈)。

註 景點所需時間約15 ~ 20分鐘。

@
盛岡市觀光:www.odette.or.jp/
三颯舞:www.sansaodori.jp
市區巡廻巴士でんでんむし号:www.odette.or.jp/?page_id=672
註 本篇景點需約6 ~ 7小時。

櫻山神社旁的枝垂櫻。

# 盛岡城跡公園、櫻山神社

もりおかじょうあとこうえん、さくらやまじんじゃ

坐落在市中心的盛岡城跡，從 15 世紀建城以來直至 18 世紀，皆為歷代南部藩主的軍事所在地，轉型成公園後，仍保留當年的石垣城牆，壯觀而完整的花崗岩殘存壁跡，名列東北三大城跡之一。

### 「櫻山神社」守護盛岡市民

從護城河旁的坡道準備登城，要不是那綻放得璀璨的枝垂櫻，差點就錯過了「櫻山神社」。江戶中期，盛岡藩當時的八代傳人決定依初代「南部信直公」遺願建立神社，幾番更名及社殿改建後，而有了今日的樣貌。隱藏在市街的櫻山神社，十分迷你，卻是盛岡人心中的守護神，長壽龜、鶴之泉等神蹟，讓參拜客眾多。春天來訪，左右各一株粉紅枝垂櫻，如左右護法，捍衛著神社，也多幾分溫暖。我雖不

| 1 | 2 |

1　櫻山神社雖小，對盛岡人卻十分重要。
2　櫻山神社旁有一顆巨大的「烏帽子岩」，
　　是築城之初所發現，當時藩主認為是吉
　　兆，便一直安置在原地不動。

為參拜而來，倒是喜歡上這充滿市民味的日常風景。

## 盛岡城四季風情

望向中津川遠方，岩手山殘雪未融，倒是粉櫻早已迫不及待爭著探出石牆，形成一道傾瀉而下的粉色花瀑，在細雨中飄搖，在晴天吐朝氣，大聲宣告春天已來臨；秋日的城跡公園同樣讓人驚豔，銀杏、紅楓豐富了歷史古色，踩著落葉、漫步其間，沙沙作響聲如同時空密語，望著四周辦公大樓裡晃動的忙碌身影，這裡該是他們換得片刻喘息的良地吧！

跨過朱橋，在公園制高點本丸眺望擁擠市區，寧靜而清新，城市的甦醒感讓人如此享受，難怪詩人們總愛順著川流、尋著舊城古址、小徑，以浪漫青春在此駐足，找靈感，年復一年也不覺虛耗。

1　盛岡城的秋天同樣令人驚嘆！
2　盛岡城春季的粉紅花瀑。

### 盛岡城跡公園、櫻山神社

⌂　盛岡市內丸。

🚗　1. 從東京／仙台出發，搭乘東北新幹線
　　　於 JR「盛岡」站下車。
　　2. 搭乘都心循環巴士「蝸牛號」於「岩
　　　手公園」下車；或任一有到達「盛岡
　　　城跡公園」之市內巴士均可；步行約
　　　需 15 分鐘。

🕐　24 小時開放。

@　www.moriokashiroato.jp

註　盛岡城櫻花時間為 4 月下旬，紅葉時間
　　為 10 月底～11 月初。景點所需時間
　　約 1～1.5 小時。

# 北上展勝地
## きたかみてんしょうち

用日文「春爛漫」形容北上可說最貼切不過，一切像是為浪漫而生，春日日和，北上展勝地粉櫻成排，編織起川岸的花海隧道，一同綻放的黃水仙，如笑靨裡的音節，哼唱春神來了，陽光閃耀著一串串橫亙川兩岸的神氣錦鯉，滿是對未來主人翁的祝福。沒有這季節限定的美景，春天怎會如此讓人期待？

東北的大器名景，粉櫻、紅葉不但榜上有名，且是名列前茅。光是北東北，並稱「陸奧三大櫻花勝地」的北上展勝地、青森弘前、秋田角館各具特色，且全位於車站步行之距，壯觀度更勝都心城市。

北上展勝地公園占地廣闊，沿著北上川，近萬株百年樹齡的吉野櫻、山櫻樹茂密成林，綿延約 2 公里。早自 1920 年大正年間，由町長澤藤幸治主導的

<table>
<tr><td>1</td><td>2</td></tr>
</table>

1　北上展勝地的「春瀾漫」。
2　5 月的鯉魚旗與櫻花，形成獨特風景。

和賀展勝會便進行櫻花栽植，為期許這裡能成為名勝地而命名「展勝地」。
10 年後正式開園，果不負眾望，每年春天都湧進大量觀光客，一睹櫻花百選的風采。

　櫻花祭典期間，散步在淡彩櫻樹下是奢華的幸福，乘坐觀光馬車徜徉櫻花林，復古有情調；乘坐遊覽船沿著水岸賞花，恬適微風吹糊了藍空、粉櫻、黃水仙與碧川的界限，船行移動中，彩繪著即興的春天。

　北上展勝地的櫻花季正好適逢 5 月 5 日的日本兒童節前後，因此祭典期間，以數排巨大七彩鯉魚旗橫跨川兩岸，一端掛在春色新氣，一端寄予平安成長，迎風飛舞的粉櫻、鯉魚旗，溫柔與磅礡合而為一，晴空下的大和風情獨特魅力，讓人一路熱鬧到夜櫻。

**北上展勝地**

⌂ 岩手県北上市立花。

🚗 從 JR「北上」站步行約 15 分鐘；或搭乘 3 號巴士，也可租單車前往。

@ sakura.kitakami-kanko.jp

註 櫻花祭約莫 4 月中 ~5 月初（有夜間點燈）；景點所需時間約 1.5 ~ 2 小時。

# 平泉
## ひらいずみ

佛教於隋唐時代從中國傳入日本後，在平安時期發揚光大，由天臺宗發展起來的淨土宗，主張人死後會由阿彌陀佛帶往西方淨土，深受眾人嚮往，也影響了虔誠的信徒藤原氏。歷經戰亂後，他一心想實現打造佛國淨土的理想，讓平泉一帶從陸奧邊陲之地，繁榮發展近百年，留下來的中尊寺、毛越寺，也在 2011 年以「平泉文化遺產」成功登錄世界文化遺產，700 多年前盛極一時的陸奧平泉文化，連同金碧輝煌佛教廟宇、寶物等 3000 多件國寶、國家重要文物，再次被世人放大。

## 黃金王國之中有「淨土」

平泉所在的東北地區，昔日稱為「陸奧」，意指道路的盡頭，即便今日，從列車窗外一片田園恬適風光，完全無法想像當年黃金王國的風光。而從當時的首都「京都」來看，平泉地廣、位處偏遠，大

和朝廷並無心經營下，讓清原清衡趁勢崛起，並向京都的掌權名門「藤原家」進貢大批黃金，進而獲得陸奧國（宮城縣、岩手縣、青森縣）的統治權，隨後改姓「藤原」，在 11 至 12 世紀，傳承 3 代，不但享盡榮華富貴，也讓平泉文化發揚光大。

平泉文化中，以「光之淨土」的中尊寺與「水之淨土」的毛越寺最為代表。兩寺院皆由天臺宗慈覺大師初建於西元 850 年。12 世紀開始，在藤原氏 3 代的金援下，不斷擴建及改築，讓中尊寺曾一度擁有高達 40 座佛堂、佛塔及僧社 300 間，而毛越寺規模更曾一度超越中尊寺。可惜因祝融之災，殿內建築物多付之一炬，只留下今日中尊寺的金色堂及部分經庫，毛越寺更多是近代才重建而成。

### 「光之淨土」中尊寺

來到平泉，像是一趟超越時空的時光逆旅，上溯近千年歷史、感受佛國淨土的心靈旅程。中尊寺依山而建，最代表的金色堂隱居最深的山頂上。一進大門，迎面而來的長長參拜陡坡，即便設有手扶草繩做為止滑之用，還是讓人心生一愣。來到寺境，不見迦藍，反像來到清幽山林間，這條貫穿境內的參道「月見坂」，兩側盡是 300～400 年樹齡的古杉樹，由當年治理平泉等地的伊達藩種植，高聳入天、濃蔭蔽日，漫步其間，殘櫻點綴，數分鐘後終於來到寺境內第一個建築物「八幡堂」。

不過人潮全往「弁慶堂」方向去了，這裡祭祀武藝了得的武藏坊弁慶，他與戰神源義經在京都相遇後，便一路追隨源義經南征北討，鞠躬盡瘁，直到死亡。著名的「弁慶立往生」便傳聞，為了保護主人，直到身亡時弁慶還是站立著，也因他的忠心耿耿，留給後人極高的評價，一旁的中尊寺名物賣的正是「弁慶餅」。

中尊寺本堂則位於中段處，是明治期間 1909 年時重新修建而成，主要供奉阿彌陀如來，內堂還有由傳教大師「最澄」在京都延曆寺點燃的「不滅法燈」的分燈。一旁的不動堂擁有眾多信徒，是 1684 年伊達藩主為祈求國泰民安在

| 1 | 2 |
|---|---|
| 3 | 4 |
| 5 | |

1 中尊寺本堂供奉阿彌陀如來。
2 不動堂信眾絡繹不絕。
3 藥師堂。
4 大日堂。
5 金色堂是中尊寺代表。

1　參道「月見坂」古木參天。
2　弁慶堂。
3　弁慶餅。

此設立，但現有建築則是在昭和年重新完工。本堂周圍建有多寺堂，包括藥師堂、地藏堂、觀音堂、峯藥師堂、大日堂等，各有歷史及祭祀的明神，可在入口處服務中心租借導覽機，較能理解。

　　來到後段，除了弁財天堂、鐘樓及阿彌陀堂，中尊寺的精華——寶物殿「讚衡藏」與金色堂是境內唯一收費的兩處。寶物殿裡收藏 3000 件以上奧州藤原三代（藤原清衡、藤原基衡、藤原秀衡）的各式國寶、重要文化財的美術工藝品、佛像、經典等，不難想像當年極盛一時的風光偉業，及黃金年代造就的美學高峰。

　　至於眾人期待的「金色堂」，得再步行上石梯才能來到。四周山林裡迴響著千年的時間賦格，參拜客秩序性地排隊前行，心裡正狐疑為何不見文宣品的金碧輝煌，金色堂已在我眼前。

　　原來這平泉地區最著名的建築物實為木造佛殿，外觀全部貼上金箔，為了保護建物，現在外圍搭起保護層。站在堂中央，須彌壇上以阿彌陀如來為中心，兩側跟隨觀音菩薩、地藏菩薩等共 11 座精雕細琢的黃金佛像，鑲嵌象牙、金銀珠寶及金漆畫裝飾，實踐當年藤原氏對於淨土極樂世界的想像，也讓藤原四代也在此安息，平泉的黃金年代，可說在金色堂裡圓滿畫上句點。

## 「水之淨土」毛越寺

「水之淨土」的毛越寺，傳聞當年慈覺大師來到此地時，突然前方自地面升起一片白霧覆蓋視線，待他往前一看，只見滿地掉落的白色鹿毛，欲再尋覓時，突然出現白髮老人，告知他應在此靈地興建寺院、弘揚佛法，慈覺大師有感這位老人必是藥師如來的化身，便在建寺後以「毛越寺」命名。

和京都平等院同為淨土庭園的毛越寺，庭園建造窮盡平安時代庭園美學，試圖打造佛教經典中的極樂天堂。不過現今毛越寺境內，除了大泉池，多數伽藍已不存在，僅在近代考古調查下，從柱子底座標明的各殿遺跡、未來復原圖，感受昔日規模。

美麗的淨土庭園，以東西長達 180 公尺的大泉池為中心，象徵廣闊無垠的淨土，池水中央以小島、岩石，鋪以玉石和沙灘，自然之中藏著細膩的禪意美學，傳遞極樂世界的無限美好與迴響，我極喜歡這座池泉，幾處「遣水」，用作汲取大泉池的導水路，無緣一見平安時代人們吟詩詠歌的曲水之宴，但秋日池泉之美，倒讓我接收淨土世界裡難能可貴的心淨與平和。

1 「遣水」彷彿見到平安時代的曲水之宴。

2 開山堂是紀念毛越寺的開山慈覺大師而建。內有慈覺大師像、大日如來像、還有藤原三代 ( 清衡、基衡、秀衡 ) 的畫像。

3 高館義經堂紀念源義經於此地結束他的傳奇生命。

## 遙想源義經戰神英姿

　　同樣由毛越寺管理的高館義經堂鄰近車站。源義經在其兄源賴朝的追殺下，逃亡至東北藤原秀衡勢力下，但藤原秀衡死後，其子藤原泰衡不敵源賴朝的威脅，決定拿義經的首級換取奧洲藤原王朝的安泰，發兵至源義經所在的平泉高館，面對大軍來襲，源義經深知寡不敵眾，以自殺結束了短短 31 年

的人生。高館義經堂不大，位於山側，裡頭的木雕源義經以威風凜凜的武者英姿，訴說當年風光一時的戰神氣勢。我沿著步道，腳下北上川悠悠流經，遠處的東稻山的雄大與眼前紛飛的櫻花，美得讓人覺得淒涼，一生傳奇的源義經，終命之地在此，不免讓人唏噓，或許連他都意外吧！

## 平泉

🚗 1. 從東京出發，搭乘東北新幹線至「一ノ關」站後，轉乘 JR 東北本線至「平泉」站（9 分鐘）。亦可從盛岡、仙台前來，在一之關站轉乘。
2. 於平泉站搭乘「RUNRUN 巴士」巡迴路線，沿途行經毛越寺、中尊寺。車站外亦有單車可租借，天氣良好時最推薦以此方式旅行，可到達較多景點。

平泉站外觀也充滿禪風。

## 中尊寺

⌂ 岩手縣西磐井郡平泉町平泉衣関 202。

🕐 8：30 ～ 17：00（11/4 ～ 2 月為 8：30 ～ 16：30）。

$ 金色堂、讚衡藏經共通券：大人￥800／高中生￥500／國中生￥300／國小生￥200。

@ www.chusonji.or.jp

## 毛越寺

⌂ 岩手縣西磐井郡平泉町平泉字大沢 58。

🕐 8：30 ～ 17：00（11/5 ～ 3/4 為 8：30 ～ 16：30）。

$ 大人￥500／高中生￥300／國中、小生￥100。

@ www.motsuji.or.jp

## 高館義經堂

⌂ 岩手縣西磐井郡平泉町平泉字柳御所 14。

🕐 8：30 ～ 16：30（11/5 ～ 4/4 為 8：30 ～ 16：00）。

$ 大人￥200／高中～國小生￥50。

@ 平泉觀光協會，多語言版：hiraizumi.or.jp/

註 1. 平泉一帶冬天易有大雪，因中尊寺位於高地、毛越寺泉池聞名，不建議冬季來訪。
2. 中尊寺參觀所需時間長，毛越寺、高館義經堂離車站為步行之距（約 10 ～ 20 分鐘），可依到達時間決定參觀先後動線。
3. 景點所需時間：5 ～ 6 小時。

夜色降臨，牆上的銀河鐵道列車便悄悄浮現！

## 花卷
はなまき

**導** 演宮崎駿曾提及，奧斯卡最佳外語片《神隱少女》中那輛讓許多人印象深刻的水中列車，最初的靈感便來自《銀河鐵道之夜》。

### 一起前往銀河鐵道星空

匯集奇幻、想像與詩意夢想的銀河鐵道場景，如今深深烙印在花卷市區裡。這面高 10 公尺、長 80 公尺的水泥石牆上，夜色降臨之際，自壁面浮現出未來都市的銀河鐵道列車，悄悄行駛來到人間，畫過夜空，光芒奪目，從書本中開到真實世界。而這輛銀河鐵道列車，也在 2014 年真實走進生活裡，由 JR 東日本推出的「SL 銀河」釜石線列車，固定於週末往返花卷～釜石之間。

市區處處可見宮澤賢治的足跡。

### 闖入新花卷的童話世界

從小宮澤賢治的作品就是我的床頭書，初訪東北，無意間閱讀到車上刊物的介紹，顧不及已安排的行程，便決定下車來訪宮澤賢治的故鄉。

深秋的新花卷，街上安安靜靜，步行到宮澤賢治紀念館的路程中，除了大片農地、寥寥可數的住家及一間便利商店，什麼都沒有。正因如此，屬於宮澤賢治的世界就更讓人印象深刻。跟隨路標指示牌、地景、公共裝置一路來到童話村、紀念館，整個新花卷彷若為了宮澤賢治而建，筆下的街景、登場人物、車站、列車、概念餐廳，甚至連他親手設計的花壇，都真實而完整地呈現城市的不同角落。

### 在童話村，從體驗中學習

落實宮澤賢治理念創作的「童話村」，處處讀得到書中元素或片段。大門旁的「白鳥停車場」計程車招呼站、發出陣陣火車聲的販賣機、化身為各星座圖騰的人孔蓋，還有入口處的「銀河站廣場」，復古藍的銀河列車正靜靜

1　漫步童話村山野草原中散步道，可認識許多植物。
2　園內處處充滿童話意境。
3　賢治的椅子以星星、欄杆、皇冠、青蛙、高麗菜為造型，可愛得連大人都搶著坐。
4　走入宇宙部屋，有如置身銀河系。

地停靠在故事終點「銀河站」。還沒進到園內，光是看到故事元素一一躍上現實世界，就興奮地讓人好想放聲尖叫。

　　進入童話村，自然庭園借景後方森林合而為一的設計方式，沒有藩籬圍牆，可沿著多條自然散步道「妖精小徑」、「山野草原」、「ふくろう小徑」，漫步其間，也認識大自然的植物。

走過溪流行經的小森林，認識大自然的季節變化，迎面而來的星球走道「天空廣場」，由小至大的閘門如列隊歡迎大家進入「賢治的學校」。記得步行在淺階坡梯，別忘了低頭看看有趣的 4 次元創意，明明是往上爬，側旁的水流卻同方向往上流。

「賢治的學校」以夢幻大廳、宇宙、天空、大地、水五個構面規畫成不同主題空間。首先進入圓形的「夢幻大廳」，便來到賢治筆下理想鄉 Ihatov，掛著賢治先生外套與手提包的純白空間，以星軌般色彩所形繪的宇宙樹為中心，兩旁弧狀排列的各式白色趣味椅，擇其所好坐下來，隨著燈光忽強忽弱，轉換音樂節奏，欣賞書架中的電視播放著理想鄉的美麗風景，準備進入這似真似虛的奇幻世界。

揮別純白夢幻空間後，整個人瞬間跌入巨大萬花筒鏡的「宇宙部屋」中，漆黑房間內，七彩星空與星座交替閃耀，繽紛炫麗，大彗星、小星星朝著四面八方往無限延伸，閃閃發光，彷若漫步在銀河星際間的錯覺。

徜徉在直徑 7 公尺的圓形「天空部屋」中，透過埋藏在地面上的 16 面多視窗螢幕，製造出一種從雲朵高處鳥瞰理想鄉的視覺，微風陣陣吹來、原野美景在眼簾，連身體都彷如跟著雲朵，四處飄飛，十分有趣。

由天空回歸大地，來到巨大森林的「大地部屋」，便走進童話幻境的故事裡，草木、昆蟲及小動物瞬間躍升成主角，訪客如我反而成了誤闖地盤的小螞蟻，迷失在森林中。這些動植物雖以柔軟布料製作而成，細膩逼真的程度，竟好幾次嚇到向來害怕接觸昆蟲的我。最後，進入到藍色水世界「水之部屋」中，在圓柱透明水箱裡，透過美麗的七彩光線及流動水柱，製造一個虛擬的海底世界，水色光影在無盡的影像變化中，讓人驚呼連連。

後方「賢治的教室」則由一排 7 間獨棟小木屋構成，以宮澤賢治筆下的童話世界為主軸，依「石」、「植物」、「動物」、「星」、「鳥」、「森林」等主題為分類，所有教室都可實境互動，走進教室，學習認識理想鄉 Ihatov（イーハトーブ），眼觀、耳聽、手觸，才算真學習。走出教室，放眼四周，

7 間連棟小木屋是實境體驗教室。

盡是山林包圍，徜徉在這曼妙的大自然中，滿滿的創意與愛，我想連不愛上課的小朋友都想進來一探奧妙吧！

## 日本國民作家的多才一生

311 大地震後，演員渡邊謙在「kizuna311（絆 311）」網站中，朗讀了宮澤賢治詩作〈無懼風雨（雨ニモマケズ）〉，撫慰因天災地變而不安的人心，也為日本全國帶來重新振作的勇氣，感動無數人，包括我。

在日本幾乎無人不曉的宮澤賢治，集多種角色於一身，是詩人、童話家、大提琴愛好者，也是農業改革家、宗教家與科學家。出生於岩手縣的他，雖自小體弱，但知識涉獵廣泛、醉心於藝術，加上細微的敏銳度與觀察力，澄淨透明的字裡行間，蘊藏著廣大世界的無限想像及深厚情感，日本每個家庭的書架上，至少都有一本他的著作，並被翻譯成多種語言，在全世界發行。

坐落在童話村對街山坡上的「宮澤賢治紀念館」，便收藏許多手稿和文物，全館依其出生背景、涉獵領域分成 8 大展區。別以為這是嚴肅的紀念館，為了讓訪客快速進入他極其短暫卻豐富的知識及創作領域，館內從創作靈感的家鄉岩手縣四季風情開始，在各式玻璃地圖、音樂、影像及銀河系展示模型的輔具下，即便語言存在隔閡，卻仍能拉近距離。

1 紀念館入口處，館方指派「貓咪事務所」書中的兩位主角在門口迎接訪客。

2 在新花卷常可看到許多以貓頭鷹為造型的雕刻或指標，因常出現在宮澤賢治作品中，幾乎成了賢治的識別標誌，還製作成各式紀念品。

　　有趣的是，賢治的筆跡帶點稚氣，加入密密麻麻的刪修，為了拼湊他生前的手稿出版成冊，出版社還特別將出版流程以製圖方式來作業，從重置、尋找流失的稿件、重新謄寫，或許真該慶幸日本人向來思慮縝密又多細節，否則今日還不一定有其幸能讀到這些佳作。

　　即便天資聰穎，唯文學才華卻是直到宮澤賢治歿世後才受到重視。生前僅出版過詩集《春與修羅》和童話集《要求特別多的餐廳》，一生只領過 5 元版稅的他，所幸父親支持，偷偷到書店買下他的書，讓他在不知情下仍醉心於文學創作，寫下許多佳作。今日他的作品也不斷被以各種形式重現，並影響手塚治虫、藤子不二雄、松本零士等藝文大師，連動畫大師宮崎駿也自稱：「我心裡一直住著一個活潑好動的孩子，這個孩子就是宮澤賢治在內心的投影。」可見宮澤賢治在日本人心中的崇高地位。

　　璀璨的銀河星空裡，是夢想的起始，還是生命的終點？

　　宮澤賢治似乎在《銀河鐵道之夜》一書中給了答案：「沒有人知道什麼是幸福，但是，只要依著正確的前進方向，不斷地前進，不管一路多麼崎嶇不平，都比站在原地更接近幸福。」的確，百年後，他極欲建構的理想鄉 Ihatov，已真實地在這片土地上，逐漸誕生、開花。

1
2

1 在宮澤賢治紀念館前的「山貓軒」，車站正對面也有一家。將《要求特別多的餐廳》中出現在森林的詭異餐廳搬到現實世界中。

2 山貓軒菜色在地又美味，每回來必點的便是家鄉麵湯的飯糰套餐。

**銀河地球鐵道**

⌂ 花卷市愛宕町。

🚗 自 JR 盛岡站、新花卷站搭乘東北本線、釜石線至 JR「花卷」站下車，出站後過大馬路，左轉直走 5 分鐘即抵。

🕐 10 ~ 4 月　18：00 ~ 22：00；
　 5 ~ 9 月　19：30 ~ 22：00。

@ 銀河地球鐵道：www.iwatetabi.jp/spot/
detail/03205/449.html
SL 銀河號：www.jreast.co.jp/railway/joyful/
galaxysl.html

**童話村、宮澤賢治紀念館**

⌂ 童話村：花卷市高松 26-19。
紀念館：花卷市矢沢 1-1-36。

🚗 從東京出發，搭乘東北新幹線於「新花卷」站下車，步行 15 ~ 20 分鐘（亦有巴士）

🕐 開館時間：8：30 ~ 16：30（紀念館至 17：00）。

$ 各館大人 ￥350、高中以上 ￥250、中小學 ￥150（另 2 館共通票：大人 ￥550、高中以上 ￥350、中小學 ￥200）

@ 童話村：www.city.hanamaki.iwate.jp/
shimin/176/181/p004861.html
紀念館：www.city.hanamaki.iwate.jp/
bunkasports/501/miyazawakenji/p004116.htm

註 從童話村可爬木梯捷徑直達宮澤賢治紀念館；景點所需時間約 4 ~ 5 小時。

# 岩手縣鄉土滋味

## 冷麵、炸醬麵及碗蕎麥麵

「盛岡三麵」聞名全日本，即冷麵、炸醬麵及碗蕎麥麵。冷麵源自韓國，嚼勁十足的半透明麵條，在吸飽熬製的清爽湯汁後，佐以泡菜、小黃瓜、牛肉，再添上一片季節的蘋果、水梨或西瓜片。車站附近的ぴょんぴょん舎、盛樓閣都是人氣店。源自中國東北的炸醬麵，在盛岡採用仙台味噌調味，色澤或口感都較其他地方更濃郁。碗蕎麥麵是由服務生端來一整盤以小碗盛裝的蕎麥麵，每一碗僅一口份量，一一倒入客人面前的木碗供食用，可搭配小菜或佐料，直到用飽蓋上後，服務生才會停止盛麵。不但能一次品嘗多種配料調製的口味，也是很多人用來挑戰百碗大胃王的特色麵食。

冷麵。

碗蕎麥。

## 南部煎餅

南部煎餅起源有多種，有一說是南朝長慶天皇來訪昔日三戶一帶，因肚子餓，家臣便向當地農民借簡單工具、食材製作而成。另一說是秋田戰爭時，八戶軍在戰地以鐵盤為鍋，用麵粉加水後，放入芝麻或花生、胡桃後烤成煎餅，因口感佳，也流傳至青森一帶，並演變成不同

的烤法、口味，也加入湯中，成為青森南部地區及岩手縣北地區最代表的鄉土料理「煎餅汁（湯）」。

不過南部煎餅的麵粉是以蕎麥、小麥為原料，與一般米製仙貝不同，薄、脆、香是特色，完全不同於日本其他地方偏硬、偏厚的口感，連圓型鐵板周圍多餘的餅塊「煎餅的耳朵」也大受歡迎，另有包裝專門販售。

## 海鮮、海膽

岩手縣的三陸沖是世界排行優良漁場之一，以新鮮魚貝類聞名，特別是海膽產量僅次於北海道，位居全國第 2、每年冬季的鮑魚也以肥美、Q 彈著稱，讓這一帶壽司聞名，各式海膽、鮑魚製作的食品也是人氣伴手禮。

第 六 篇

青森縣
あおもり Aomori

# 奇蹟的蘋果天堂

## ● 行程建議

1. 新幹線在青森縣停留八戶、七戶十和田及新青森 3 站，但這 3 站距離主要觀光景點都得再以巴士或電車接駁，可從車班時間參考每篇的景點時間來安排行程。

2. 青森市區、弘前市區是兩大城市景點，特別是弘前市區，市內及近郊景點多，1 日遊或夜宿皆可。

3. 從青森、新青森、八戶站等是前往「東北名景」十和田八幡平國立公園、十和田市的出發地，JR 巴士車班每年營運日期及車次會有些微調整，出發前請先上網查詢最新資訊，最少規畫 3 天 2 夜行程較充裕。

4. 青森、弘前站可以輕津號或白神號連結秋田市，利用東北新幹線安排岩手、宮城縣等 5 天 4 夜旅程。

## ● 住宿建議

1. 青森站或弘前站附近有許多商務及大型飯店，坐落在車站步行 10 ～ 15 分鐘的距離。但因這 2 站也常是巴士及地方鐵道的重要轉乘站，盡量選擇車站附近，可減少行李托運的不便。

2. 「睡魔祭」期間，建議住宿青森市區及弘前市區為佳，且最好 4 ～ 5 個月前先預訂房間。

3. 青森縣是全日本在溫泉數、湧出量排名第 4，境內知名溫泉鄉非常多，建議由景點延伸溫泉住宿，青森市區以淺蟲溫泉最方便；十和田八幡平國家公園因腹地廣大，住宿選擇以最後停留目的地為主。弘前市區可前往黑石、大鱷溫泉，八戶則有古牧溫泉，許多飯店有提供車站接送服務，十分方便。

## ● 旅遊小叮嚀

青森縣冬長夏短，降雪量大，冬季前往要注意保暖，並留心列車及巴士運行狀況。

## ● 參考網站

青森縣觀光官網：www.aptinet.jp/（含繁中版）

## 青森市
あおもりし

從新幹線新青森站轉乘1站來到青森站，陳舊的空橋上，隔著窗便能望見藍天下潔白的青森港灣大橋正張大雙臂，歡迎旅人到訪。

這座全長1219公尺的斜張橋，是青森縣僅次於八戶大橋、第2長的大橋。沿著海港而建，特別的是，橋上設有行人專用步道及展望臺，猶如空中步道，可一路步行來到青森物產中心，視野極為遼闊。夜幕低垂，橋樑燈光變幻，襯托柔美而纖細的橋身，低調不喧嘩，營造出青森獨有的北國浪漫氣息與個性，也讓這長年寒冷的城市，夜色倍感溫暖。

### 聯絡船功成身退，繼續承載故事

青森市位於本州最北的津輕半島，隔著津輕海峽與北海道函館對望，是歷史悠久的港口城。昔日青森與函館間往返都得依靠青函聯絡船，這條青函航路從

1 2 3

1 青函聯絡船「八甲田丸」
  退役後，成為博物館。
2 倒 Y 橋墩主塔設計，是
  日本第一座結合下方融
  雪機能的大橋，加上形
  似日文青森拼音「A」開
  頭，成為青森市著名的
  壯觀地標。
3 睡魔之家榮獲「東北建
  築賞作品賞」。

1908 年開始營運，跨越明治、大正、昭和時期，直到 1988 年青函隧道開通後，
青函聯絡船才功成身退。為紀念這段歷史，便將服役最久的「八甲田丸」重
新裝修成日本第一座聯絡船博物館，靜泊在青森港灣，鮮黃的巨大船身上滿
是歷史斑駁，內部則展示這 80 年間的風光史蹟，讓人心生敬意。

### 「睡魔之家」隨時體驗祭典

　　想體驗青森傳統祭典，來到「睡魔之家（青森市文化觀光交流施設 ワラッ
セ）」就對了。摩登時尚的建築，由日本、加拿大、荷蘭等多國建築師合力
打造，一片片華麗百頁幕簾包覆的紅色外觀，出入口處更彎曲如掀起的幕簾
般，充滿柔美的流線感，近看才發現全以鋼鐵硬材質所打造。陽光穿透廊道
間，變化著不同的光影，榮獲「東北建築賞作品賞」，絕對實至名歸。

　　進到館內，一字排開的紙燈籠瞬間轉化情緒，長廊裡，述說著青森祭典源
由與歷史演變，隨著不絕於耳的樂音，挑起一股迫不及待想趕快衝進會場的
熱情。轉個彎，幽暗空間裡突然跳出幾具巨大燈車，魄力滿點。每年 8 月睡
魔祭過後，展示廳便更換當年度獲獎的燈車，讓來不及參與的訪客也能感染

1　A-Factory 裡的甜點店，各式水果派都是當日現做，十分美味。
2　可坐在 A-Factory 戶外區享用餐點，一旁的水岸木棧散步道沿港灣而建，可眺望大橋及建築。

氛圍。館內還設有互動遊戲，操控睡魔臉或手的表情、姿勢，又或敲鑼打鼓
一番，讓人如置身祭典會場中。

　　隔著廣場，數棟塔型倉庫樣貌的「A-Factory」，販售青森在地味的伴手禮、
水果、食品飲料，尚有開放式自助餐飲區，琳瑯滿目的地域限定品，簡直讓
人無從下手。挑高 2 層樓的中央作業區展示蘋果從榨汁到製成品的作業流程，
2F 有趣的「蘋果酒試飲 Lounge」，販售不同金額的試飲卡，從零酒精的蘋果
西打至高濃度的蘋果白蘭地等十餘種，可一次啜飲多種香甜滋味。

## 青森市民的廚房

　　想嘗季節好料，內行人都知道上傳統市場準沒錯！青森不愧是海港城，在
JR 青森站步行 5 分鐘之距，就有兩處可覓得新鮮好味。一是車站對街「Festival
City AUGA」地下樓的「新鮮市場」，每天清晨 5 點便營業，外觀是新穎的
百貨商場，從大門旁獨立階梯來到地下樓，風格驟變，傳統市場裡魚、當季
海鮮、蔬果、乾物分區經營，美味又便宜，還有食堂可立即享用。

1　新鮮市場位於百貨公司樓下，卻十足市場氣息。
2　到古川市場，來碗自製海鮮丼飯吧！

　　再往後走約2分鐘，來到市民廚房的「青森魚菜中心－古川市場」，裡頭的「のっけ丼」最適合喜歡海鮮丼料理的老饕，購買餐券後，向插有橘旗的店家兌換白飯，再向插深藍旗的店家挑選喜歡的生鮮食材，便可享用自製的海鮮丼飯。只是享用新鮮美味得趁早，還不到傍晚，兩處都已準備打烊囉！

## 趕走睡魔，恢復活力！

　　每年8月初，青森縣高達40多個地方便進入前所未有的熱鬧，聲勢浩大的睡魔祭每晚在市民「ラッセ、ラッセ（Rasse、Rasse）」、「ラッセラ-（RasseRa-）」聲中展開。

　　東北自古即有送靈、送蟲等習俗，睡魔祭的日文「ねぶた（Nebuta）」，源自津輕方言「發睏（ねむたい）」，農耕時代，為了趕走炎炎夏日農作期間中，妨礙勞動的睡魔，便將它做成燈籠，放到川中隨水流，代表趕走睡魔。其中最有名的便是青森市、弘前市及五所川原市，三處各設有睡魔館，日文名稱都皆為「ねぶた」，但因各地方言略有不同，發音各有異，這也是中譯時常會看到「青森餒鈽嗟、弘前餒菩蹚、五所川原的立佞武多」等不同字眼。

```
        ┌──────┐  ┌────┐
        │      │  │  2 │  ┌───┐
        │  1   │  └────┘  │ 3 │
        │      │          └───┘
        └──────┘
```

1 睡魔祭燈車人物十分多變。

2 「津輕錦」源自江戶時代，被日本人稱為「召喚幸福的金魚」，是青森當地的特有高級品種，因此在青森常可看到以此為造型的飾品，每到祭典期間，街上更是掛滿金魚造型的紙燈籠，悠遊在天際間。

3 祭典期間，街上許多商店內都可買到成套祭典服，衣服上掛滿鈴鐺，讓夏日街道上處處都是輕脆的鈴聲，響亮悅耳。

睡魔祭因夜間遊行時點上燭火而有「火祭典」之稱，祭典中常聽到的「ラッセ、ラッセ」是源自於地方方言「把酒及蠟燭全都拿出來」（お酒やろうそくをいっぱい出せ）的「全拿出來」（いっぺらっせ）之意。

睡魔祭最大主角「山車燈籠」，以紙、竹為材，得由職人花上 2 個月純手工打造。為了展現各自各地特色，燈籠製作樣式也暗藏不同玄機，青森市燈籠以《三國志》、《水滸傳》等古今英雄豪傑為主角，立體人物造型，張力十足，魄力滿分，隨著時代改變，熱門電影、卡通人物也成為現代版主角；弘前最大特色為扇狀燈籠造型，一面是類似青森市的英雄人物，另一面搭配美人圖或水墨畫，瑰麗夢幻；五所川原則以直立型華麗燈籠為特色，昔日為富貴象徵的燈籠，重達 5 公噸，得動員上百人力才扛得動。

　　青森睡魔祭在 1980 年被指定為國家重要無形民俗文化財，更與竿燈祭及七夕祭名列東北三大祭。每年 8 月 2 日至 8 月 7 日於市區舉行。夜色降幕之際，身著鮮豔頭飾、多彩浴衣，滿溢笑容的舞者，以「跳人」的文字在大街上跳動奔走，輕脆鈴響聲中，不斷高喊「ラッセ、ラッセ」，在持扇人引領下，

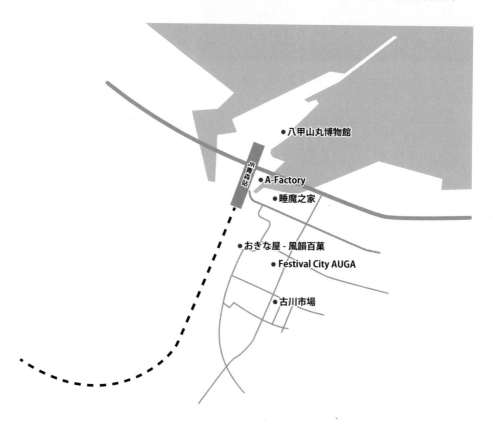

重達 1 公噸的巨大睡魔燈籠在數十名壯丁推舉下，緩慢移動、旋轉中，伴隨著節奏激昂的太鼓、清亮高亢手振鉦、木笛等囃子，熱情流竄在街區兩旁擠滿的觀眾裡，一幕幕撼動視覺的畫面，鼓動人心。連續數日的山車燈籠夜間遊行，來到最終日白天遊街後，夜晚進行海上夜行及煙火大會後，代表著洗淨山車燈籠及身體，準備迎接秋收的來臨。

舞跳得如何、山車表演多炫麗已沒人太在意，因渾然一體的魄力，隨著一波波高潮迭起，祭典魂魄精神瞬間爆發，才最感動人心。隨著祭典結束，整夜囃子聲不絕於耳，這一幕的夏日動人畫，足以讓人留存心中一整年。

## 青森市

🚗 JR 青森站步行 1 ~ 5 分鐘。

### A Factory

⌂ 青森県青森市柳川 1-4-2。

📞 017-752-1890

🕐 商 場 9：00 ~ 20：00；1F 餐 廳 11：00 ~ 20：00（2F 餐廳營業至 21：00）。

@ abc0177521890.ocnk.net/

### 睡魔之家 WARASSE

⌂ 青森市安方 1-1-1

📞 017-752-1311

🕐 5 ~ 8 月　9：00 ~ 19：00；
　 9 ~ 4 月　10：00 ~ 18：00

$ 成人￥600 / 高中生￥450 / 中小學生￥250。

@ www.nebuta.or.jp/warasse

### 八甲田丸博物館

⌂ 青森市柳川 1 丁目 112-15。

📞 017-735-8150

🕐 開放時間
　 4/1 ~ 10/31 為　　9：00 ~ 19：00；
　 11/1 ~ 3/31 為　　9：00 ~ 17：00。
　 休館日
　 11/1 ~ 3/31 每週一
　 12/31 ~ 1/1、3 月第 2 週週一 ~ 週五。

$ 大人￥500；國、高中￥300；小學￥100。

### Festival City AUGA 新鮮市場

⌂ 青森市新町 1-3-7（アウガ B1）。

📞 017-721-8000

🕐 5：00 ~ 18：30；12/31 營 業 至 17：00；
　 1/1 ~ 1/2 為 8：30 ~ 18：00。

@ www.auga.co.jp/shinsen.html

### 青森魚菜中心－古川市場

⌂ 青森市古川 1-11-16

📞 017-777-1367

🕐 5：00 ~ 18：00（週二、1/1 ~ 1/2 公休）

@ www.aomori-ichiba.com

@ 青森縣祭典：www.aptinet.jp/event.html#festival
註 本文景點所需時間：4 ~ 5 小時（睡魔祭除外）。

展望臺。

## 三内丸山遺跡
### さんないまるやまいせき

位於青森近郊的三内丸山遺跡最早是座垃圾場，1992 年因規畫為棒球場預定地，在進行整地及事前調查工作時，無意間挖掘出距今約 4000～5500 年的繩文時期的文物，這時期出土的陶器上因有繩子般的紋路而稱之。青森縣政府在持續計畫性挖掘及調查下，至今光是已挖發掘出的豎穴住居就有 700 座，還有百座以上的巨型柱狀建臺、千座以上的大人及小孩的墳墓，規模十分龐大，讓此地成為目前全日本規模最大的繩文時代村落遺址。

### 重回繩文時代

三内丸山遺跡分成室內繩文時遊館及戶外廣場。室內設有「三丸博物館」，重現當時的自然環境、飲食起居、家庭生活情景，在上千個展示的考古出土物中，有 503 個列入重要文化財，其中一尊高長 32 公分的大型板狀土偶，是出土土偶中最大的，館內多數紀念品也以此為圖騰發想設計。不過比較讓人驚訝的是，早在繩文時代，以貨幣為交易的商業

| 1 | 2 |
|---|---|
| 3 | 4 |

1　數千年前的遺跡，今成為市民公園，偶爾在此舉辦各種音樂市集活動，讓考古之旅更親和。

2　長達 10 公尺以上的大型竪穴式住居，是繩文時代前、中期的居室，推測可能是集會場所、共同作業場或是冬季的共同居室大型住居遺跡，復原的居室還會配合活動需要而使用。

3　在遺跡中央部位挖掘的高床式建物，採先掘洞後立柱，以便支撐整個建築物，也稱掘立柱建築。

4　由 6 根大柱而立的長方型建物，被推測為大型掘立柱建築遺跡，柱孔直徑及深度皆為 2 公尺，比其他規模為大，還留有直徑 1 公尺的栗木柱。

模式已具雛型，更具備造掘立柱的技術，可自行建蓋住家。

　　為使民眾易於了解根據考古資料重建的遺跡公園，讓人走進遠古時空裡，一探昔日生活樣貌。高聳的眺望臺、繩紋人居住的茅草屋、集會所、倉庫被山丘、樹林包圍，如置身在古村落的生活風貌裡，還可以進入其中，看看古人居住的空間，十分有趣。

　　在青森教育委員會極力推廣及規畫下，不但開啟民眾對繩紋時期的認識及了解，也在日本掀起考古熱潮。隔著輕津海峽，北海道道南、北東北繩文遺跡群，正以登錄世界文化遺產為目標而努力，也讓我滿心期待，這開花結果的一日盡快到來。

### 三內丸山遺跡

⌂　青森市三內丸山。

🚌　JR「青森」站的 6 號巴士站搭乘市巴士或巡迴巴士ねぶたん号（經過新青森東口）於「三內丸山遺跡」下車。

🕐　開放時間
　10 ～ 5 月　9：30 ～ 17：00
　 6 ～ 9 月　9：00 ～ 18：00
　1. 最後入館時間為閉館前 30 分鐘。
　2. 休館期間為 12/30 ～ 1/1。

　導覽時間
　10 ～ 3 月　9：15 ～ 15：30
　 4 ～ 9 月　9：15 ～ 16：00
　每整點皆有義工定時導覽。

@　sannaimaruyama.pref.aomori.jp

註　景點所需時間：2 ～ 3 小時。

# 青木淳×青森縣立美術館
あおもりけんりつびじゅつかん

由日本知名建築師青木淳設計的青森美術館，坐落在廣闊草原上，遠看這座白色調的立方體建築，鮮明但並無特別之處，依指標入了園區，地上、地下以凹凸構造錯開單一視覺，處處都是出入口，唯獨期待中的青森犬不見蹤跡。

這是「LV建築師」青木淳的第一件美術館作品，不論意象、內涵、形式上，都細膩到超乎想像。因鄰近三內丸山繩文遺跡，青木淳在提案之初便以遺跡挖掘槽溝的切面為創意，透過凹凸咬合的幾何構造，讓這座地上、地下各2層的純白立方體如掉進土溝裡般，打造成「考古現場」，以現代建築詮釋古文明的豐盛。原本看似浪費空間的偌大中庭、曲折的濠溝曲徑，一切變得合理而必要，人如置身在遺址現場，不考古，而是挖掘美學，考究藝術。

## 潔白透亮，有如青森之雪

青森雪季期間長，冰封的銀色世界裡，白色成了青森的象徵，對於當地人，這是腦海中最接近大自然的真實色彩。我雖無緣遇見融入白茫茫地景的美術館，

淨空的藍天，熱烘烘的陽光卻讓館身潔白到發亮，微風鑲嵌的千溝萬壑，沒有黃土及窯洞，倒像遊走在光影追逐下的大迷宮，上下迴梯、廣場窄道不斷換場，連進到室內展館也在七彎八拐、電梯上下之間，處處藏著驚喜，有趣極了。

通體純白的美術館，細部的講究和統一的整體感也值得玩味。沒有招牌及館內 logo，擷取青森（Aomori）羅馬拼音字首「A」及境內多樹意涵，以近 70 株林木羅列成牆的淡藍燈管所替代。但這不代表不設計，相反地，館內從指標、方向、設施指示、說明文字，全出自於設計師菊地敦己原創的「青森字體」，謹守統一的「垂直、水平、傾斜 45 度」的黑色標準字型，低調卻十分有質感。

主館分成常設展示室、企畫展示室及劇場等多空間。一進到常設展館「Aleko Hall」裡，由知名藝術家夏卡爾為芭蕾舞劇《阿雷可》所繪製的 3 幅巨型舞臺布景畫，滿版式地轟立在 3 面牆，坐在中間隨興放置的椅子上靜靜欣賞，慢慢進入劇中幻想世界，視覺得到極大震撼。

既為地方性美術館，館內常設展中多以青森縣出生的藝術家為主，包括享有極高藝術地位的版畫家棟方志功、關野準一郎；橫跨多領域的寺山修二、成田亨等，作品種類則包含日本畫、西洋畫、現代藝術及影像等。

## 奈良美智的三大創作

當然，知名度最高、人氣最旺則非奈良美智及其創作的奈良犬莫屬，從開幕至今，吸引全球藝術迷前來朝聖。

他的三大創作成了美術館的活廣告，包括常設展的小木屋空間、青森犬及八角堂。位於常設館的，是他著名的「A to Z」計畫之延伸，由幾棟樸實小木屋連接而成，沒有固定動線，任意穿梭其間，如同闖入奈良美智創作空間，藉由小窗子窺探他的內心世界。各個獨立小空間可自成單一展區，也可以連結成一件空間大作品。表情各異的大眼娃、數隻夢遊犬以畫作、雕塑，或俏皮、或調皮、或邪惡，偶爾孤獨的眼神中閃耀著慧黠的聰明，不時又流露著如夢遊般的無神及失落，讓訪者的思緒跟著上下起伏。

| 1 | 2 |

1　八角堂內部。
2　八角堂像是從濠溝挖掘出的浮島。

　　小木屋的創作靈感源自他早年創作時所居住的小房子，手稿、廢紙、煙蒂、書籍或公仔玩偶，一堆雜物散置舊木桌或書架中，凌亂中卻能找到些共同符碼，對於艱困歷程甘之如飴的他，透過一個個小空間的創作，傳遞這股不滅的熱情與溫暖。

　　小屋子一角，隔著落地窗玻璃，正好與人氣創作「青森犬」迎面相視。這堪稱青森縣立美術館鎮館之寶的青森犬，高達 8.5 公尺，得從獨立的小閣樓進入，跟隨指示上上下下才尋得著。那像是剛被考古學家從地底挖掘出來，如夢遊般的神祕表情，閉著雙眼、嘴角微笑，有些角度看來又像是垂頭喪氣，教人打從心裡憐愛。

　　另一座彷彿從濠溝挖掘出的浮島「八角堂」，是過去展覽中的一部分，如今定居在故鄉，由奈良美智親手布置空間展品，成為美術館中有趣的小角隅。沿著迴旋梯一路往上，一個個小窗口是滿心期待的眼睛，來到館中，邪惡大眼妹沿著八面各自做出各式表情，轉個圈，可愛極了。

## 讓藝術療癒孤獨內心

　　極力推薦來逛逛美術館附設的商店及「四隻貓」咖啡館。雖是地方美術館，但商品有創意，價格也都在接受範圍內，還有奈良美智專為這裡設計的青森

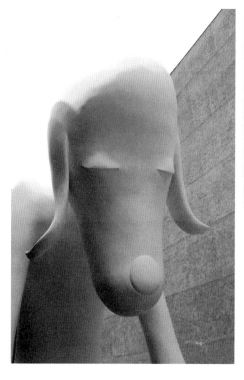

1　用更近的角度看慵懶的青森犬，療癒力
　　十足。
2　四隻貓咖啡館內也販售奈良美智的商品。

犬商品。咖啡館的插畫風 Menu 視覺甚
是舒服，望著落地窗外的遠山與綠意，
享用美味咖哩飯、啜飲著溫熱咖啡，用
想像期待下回來訪時，豪雪覆蓋的純淨
世界。

　　現代化的疏離、孤獨，讓人更想走進
這座美術館，在藝術治療師青森犬的引
導下，走進藝術的夢境，一路吸吮著遠
古的芬芳，也在現實世界與內心的壕溝
裡，發現單純的種種美好，而這正是青
森美術館帶給我的種種快樂。

### 青森縣立美術館

⌂　青森市安田字近野 185。

🚗　JR「青森」站搭乘往「三內丸山遺跡」
　　方向之市巴士或巡迴巴士「ねぶたん号」
　　（經過新青森東口）於「県立美術館前」
　　下車，車程約 20 分鐘（從新青森站出發
　　約 10 分鐘）。

📞　0177-83-3000

🕙　10 ～ 6 月　　9：30 ～ 17：00
　　7 ～ 9 月　　9：00 ～ 18：00
　　1. 最後入館時間為閉館前 30 分鐘。
　　2. 休館時間：每月第 2、4 週週一（如
　　　 遇國定假日，隔日休館）；以及
　　　 12/27 ～ 31。
　　※ 因天花板補強作業，2016 年 3 月中旬
　　　 前休館。

$　常設展 ¥500；企畫特展依現場公告為準。

@　www.aomori-museum.jp

註　景點所需時間：2 ～ 3 小時。

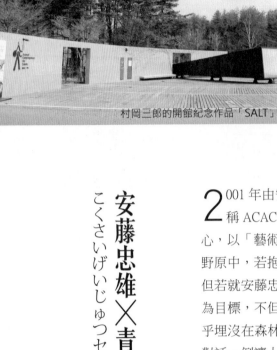

村岡三郎的開館紀念作品「SALT」。

## 安藤忠雄╳青森國際藝術中心
こくさいげいじゅつセンターあおもり

2001 年由安藤忠雄所設計青森國際藝術中心（簡稱 ACAC），是日本青森公立大學的藝術研究中心，以「藝術與自然」為主題，建築坐落一大片森林野原中，若抱著欣賞藝術作品而來，或許不如預期，但若就安藤忠雄作品向來致力成為「看不見的建築」為目標，不但從入口處很難觀得全貌，建築本身也幾乎埋沒在森林中，置身其中，聆聽建築與自然美學的對話，倒讓人十分滿意。

### 「看不見的建築」與藝術融合

巴士上、下車站牌分處兩地，正也是 ACAC 兩端出入口。兩入口處之間除了低調的清水模牆，一端是村岡三郎為開館所創作的紀念作品「SALT」，以鐵素材打造立體長柱，突兀地以 45 度角橫置在入口廣場，希望以易酸化鐵的鹽素材，歷經時間流逝，將物質自然朽化的部分真實表現出來。

與清水模牆平行的是 3 段組合而成的「四季拱廊」，以木造編織成半圓形拱廊，陽光透過縫隙游移在泥土空間，分割著光影，從人行道這側看並不覺得特別，但步行在拱廊下，看似簡單的圓木條與光線交織出柔美的藝術線條，在四季光影的提亮下，意外帶給視覺美麗的震撼。

1 四季拱廊。
2 時之柱·時之庭。

　進到主館前的森林步道，盡是些從未曾相逢的植物，還得靠說明牌一一指認，難怪年輕藝術家淺井裕介在入館小徑上，以腹地內「萌芽的植物」為題材創作，透過傳統馬路白漆創作在沿途徑道上，而河口龍夫的「時之柱 · 時之庭」則融入其間，為自然遞嬗的時序做註解。

## 室內屋外皆體現藝術

　走入高大針葉林中，一道道圓弧牆築起的藩籬，強迫訪客繞道而行，好奇心也跟拉高，直到筆直的水泥步道穿通主館，終於讓人看懂主建築的趣味。

　以希臘的圓形劇場為概念，2/3 的圓為馬蹄形建築，其他部分則以一方水池帶出空間感，從中間步道切出左右兩側，一側是兩層樓高的梯形戶外座區，一側如水波漣漪擴散的圓弧淺梯沿著水面向外擴散，將周邊自然森林與天空納入景觀，也讓清水混凝土的單色建築變化出豐富視覺。

　主要展館分成 3 棟，另有影音館及美術圖書館，完備的藝術專業書讓駐村藝術家或學生都可前來研讀。清水混凝土向來為安藤忠雄獨有的建築語彙，將表面粗糙、厚重且樸質的素材，透過趣味的空間敘事手法，轉化成細膩的紋理與創新的美學觀點，當我沿著建物慢慢環行一周，或步行於中間走道，或坐在戶外大階梯上，愈發喜愛這 360 度都有不同美感構面的神奇空間。

## 創作者盡情發揮的美好空間

　戶外藝術區更如森林中的小探險。在這座原生森林中，不同年代的藝術家作品散落其間，數量不多，也沒有鮮明的標示或註解，創作者卻有著相似的

1　　2

1　土屋公雄「記憶
　　的風景」是當中
　　我較喜歡的。
2　德國藝術家作品
　　「鄰居們」。

語言，或使用石材、木材、鐵等大自然素材，又或是融入自然中。一開始很訝異許多作品早已鏽化到與官網創作之初的色澤大異，但漸漸理解，或許少了刻意的藝術包裝，相遇的作品成了緣分，喜好隨意，散步其間，更能沉浸在這片自然原野之中。

　　繞過戶外藝術區，從高處可眺望後方的創作棟與宿泊棟。ACAC 主要任務是推動藝術創作的養成與交流，「駐村藝術家」成為計畫中主要的營運方針，藝術家申請通過後，便可在此安心創作。有趣的是，從森林裡眺望，兩棟直線型建築彷若是架在山谷間的橋樑，但半隱密性的創作棟及隱密性高的宿泊棟，看得出完全從創作者角度構思而成。

　　從創作棟往宿泊棟時，依著川溪，有些不明究理依指示穿過住宿建築下方的泥土路，赫然發現兩間藍屋頂、白色屋身幾近一半都被掩埋在土堆裡，屋內燈光還亮著，原來這是德國藝術家 Cornelia KONRADS 創作的「鄰居們」，藉由出入口被埋在土礫中，家中亮起的燈光，隱喻人類群居時的不安與安心感同存，是當中最有意思的作品。

　　返回原點，坐在大階梯上，呼吸著鮮甜的空氣，閱讀著一方寧靜的水面映出的倒影，天地應合，我在其間，正被藝術的芬多精活化全身細胞。

**青森國際藝術中心**

⌂　青森市合子沢字山崎 152-6。

🚗　於 JR 青森站轉乘 JR 巴士或青森市營巴士至「青森公立大学」下車，車程約 40 分鐘。

🕐　9：00 ～ 19：00；展覽：10：00 ～ 18：00（12/29 ～ 1/3 休館）。

$　免費（展覽則依各展覽而定）。

@　www.acac-aomori.jp

註　假日巴士車班較少，請留意。冬季易積雪，較不建議前往；景點所需時間：2 ～ 3 小時。

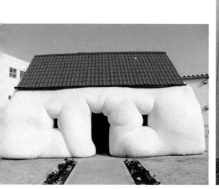

房子擠爆變形啦！

巨大紅螞蟻「aTTA」。

**整**個城市就是一座美術館的十和田市，藝術品成了地標，散落在街區市民的生活中，而十和田現代美術館也是座有趣的「小鎮」，各式天馬行空的作品從館內一路延伸到街區，擠爆變形的古怪紅車及洋房、巨大白色幽靈、紅色變型大螞蟻等，刺激的視覺及感官體驗，一趟超現實的夢遊仙境就此展開。

### 野心打造的藝術之城

十和田市人口極少，魄力卻大器，當地政府在 2005 年推動定位「藝術之城（Art Towata）」後，期待將市街打造成隨處可見藝術的城市，2008 年「十和田現代美術館」正式啟用，在市中心「官廳街通」的路段上，陸續進駐世界級藝術家作品及建築大師安藤忠雄、隈研吾的傑作，以大和含蓄美學包容未來性的當代藝術，讓人不得不愛上這充滿個性的小城。

挑高咖啡館外觀，一面是奈良美智純真帶點壞的小女孩作品「夜露死苦ガール 2012（請多指教，女孩 2012）」。另一側是英國藝術家 Paul Morrison 以自然花草、森林及太陽，描繪出青森的隨處風景，同樣以黑色畫筆線條創意於白牆上，簡單線條卻十分生動。

　　有別於印象中美術「館」建築，由普立茲克建築獎得主西澤立衛所設計的「十和田現代美術館」反其道而行，將建築物拆分成 16 個大小不一、功能各異的幾何方塊，數個白色巨型貨櫃箱以玻璃迴廊串聯，淋漓盡致發揮「流動」、「通透」特色，尤其是面向街區這一側，盡可能以大面積落地窗明亮空間，也放大視野，讓館內作品成為街區公共藝術的一環，更是市民生活的一部分。

　　看過幾座西澤立衛的建築作品，不得讚嘆他的天才與細膩美感。藝術裡應外合，更是天羅地網，從地板、屋上陽臺、建築外牆、走道迴廊都成了創作空間，一種串門子的心情，沒有高不可攀的藩籬，只有滿滿的驚喜。

## 常設展不容錯過

　　館內常設展品不多，來自 12 個國家、21 名藝術家的 22 件代表作品（付費常設展占 17 件），一進到館內，澳洲藝術家 Ron Mueck 的「Standing Woman」，4 公尺高巨大身影矗立在眼前，寫實風格連身上血管、肌肉紋理都清晰可見。森北伸以蜘蛛人橫跨展館之間的「Flying man and Hunter」讓人驚呼連連；比利時藝術家 Hans Op de Beeck 的「Location（5）」，以列車空間為主軸，創作出一個視覺、空間皆十分奇妙的立體景致。

　　屋內、屋外大異其趣的作品中，日本藝術家栗林隆的「Sampf Land」乍看只是普通的居家桌椅，爬上桌面頭鑽進天花板，不禁會心一笑，原來是海豹眼中的風景。我最喜歡的作品則是韓國藝術家徐道獲（Do Ho Suh）的「Cause

| 1 | 2 | 3 |
| | 4 | |

1 德國藝術團隊「Inges Idee」的白色巨型《幽靈（Ghost）》作品，聳立於地表草皮，洋溢奇想趣味。

2 來到男廁，才發現不明物體正在窺探你，幽默得讓人會心一笑。

3 花馬。

4 完全草間彌生風格的可愛公園。

and Effect」，外觀猶如唯美巨型水晶燈自天花板上迴旋而下，仔細一瞧，竟是由數萬個紅橘白樹脂製的小人形雕肩立堆疊而成，個人與群體、吞噬或並存、生命的光輝與死亡，如同因果輪迴，充滿反思的深刻意涵。

　　衝擊著感官的作品，背後意涵同樣也帶來強烈反思。美術館庭園前巨大的紅螞蟻作品「aTTA」由日本藝術家椿昇所創，他希望藉由藝術的傳達提醒世人：科技的快速進化、研發的基因雖帶來極大的便利，但輕易改變自然生態、人類生活背後的隱憂，可能造成未來超乎想像的失控。美術館斜對角，由奧地利藝術家歐文（Erwin Wurm）創作的「肥屋（Fat house）」、「肥車（Fat car）」，藉由過度充氣、擠壓變形的房、車，提醒慾望在人類生活中應扮演的角色，不要無限擴張。

最讓大小朋友們尖叫的當屬美術館對街的藝術廣場。由知名藝術家草間彌生打造這十足草間風格的可愛公園，名為「愛はとこしえ十和田でうたう（永遠的愛，在十和田唱歌）」，黃點點綠草皮上，經典的大南瓜、少女、狗、香菇等8件作品成了大玩具，小朋友高分貝地穿梭其間，盡情玩樂，不時好奇牽牽手、爬上狗狗身上，以好奇的雙眼，在南瓜洞口發現另一個小世界。藝術、大師、理念對他們而言並不重要，但這些童年生活的日常時光，早已帶他們走入藝術中，幸福得讓人好生羨慕。

## 生活藝術無所不在

昔日十和田市是個荒蕪臺地，1855年自奧入瀨川引水成功後，進而研發出耐寒的稉稻「藤坂5號」才逐漸擺脫寒村印象。明治年間初期，十和田市因設立陸軍軍馬局出張所，帶動馬匹產業的繁盛而風光一時。隨著時代背景不同，物換星移下，美術館前的「駒街道」早已更名為官廳街通，但各式以「馬」為造型的公共藝術裝置，仍為這段歷史留下諸多印記。

美術館前方的地標「花馬（Flower Horse）」，出自韓國藝術家崔正化（Jeong Hwa Choi）之手，以繽紛花朵拼貼成這匹高達5.5公尺的巨馬，往天空一躍，活力十足，馬蹄上的玫瑰耀綻藍天下，象徵十和田市未來的繁榮。

而一切的美學旅行還沒結束，在市役所對街的群馬像旁，由安藤忠雄所設計的「十和田教育廣場」，以百年櫻木為中心，圖書館圍繞著樹木而建，為了讓大半年多處於寒冷天氣的市民能有更多機會望見藍天及陽光，以低調、乾淨的清水模及白色系外觀，搭配溫潤的木色系內裝外，圖書館及數館特別拉高三角屋頂，並在屋簷側面開立大窗，坐在館內，一抬頭便能看看雲，讓自然風景、陽光的溫度一併吸收進腦海裡。

另一端隈研吾打造的「十和田市民交流廣場」，外觀如數間並列的小屋，木質樑柱下，大面積玻璃讓館內的歡樂傳遞至商店街區。全館最棒的傑作當

1 從市役所觀景臺眺望櫻花美景。

2 十和田市內處處有「馬」的意象。

3 隈研吾打造的「十和田市民交流廣場」，兒童遊戲室令人印象深刻。

「十和田教育廣場」的三角屋頂引進大片自然光。

屬兩間兒童遊戲間，以弧形切割的木片堆疊成一座座小山丘，色彩繽紛的玩偶、玩具任意散落其間或掛在天花板上，充滿童趣與大師的美感觀點。

說十和田市是東北集合最多大師的美學小城，可是一點也不為過。四季來訪皆宜，幸運遇上春櫻滿開，可是幸福加倍。每年櫻花祭時，人力車、祭典外，沿途馬匹裝置、巨型馬蹄、郵筒等，像是串起歷史的線索，循著鑲嵌在地面的馬蹄鐵，人已來到市役所前，數個鏡面椅不規畫地排列，望著倒映的櫻花正出神時，意外發現 5 樓半圓型的展望臺正在招手。

一直認同德裔瑞士籍畫家 Paul Klee 曾言道：「藝術並不是複製我們所看到的人事物，而是讓我們看得更清楚人事物。」來到市役所展望臺，用五官接收春天的美，拉高角度，眺望與櫻花一起綻放的十和田市，比起漫天紛飛的春櫻，此刻更欣喜的是學會觸動美的感知，開始懂得欣賞藝術綻放的姿態。與其說藝術、建築讓人愛上這城市，不如說來此邂逅無所不在的生活藝術，正如美術館的 CIS「＋∞」，總讓人懷以無限的期待。

### 十和田現代美術館

⌂ 青森県十和田市西 2-10-9。

🚗 從東京或新青森出發，搭乘東北新幹線至「七戶十和田」站或「八戶」站下車，轉乘「十和田觀光電鐵巴士」至「美術館前」或「官廳街通」下車即是。於「八戶」站也可轉乘 JR 巴士。

☎ 0176-20-1127

🕘 9：00 ～ 17：00（最後入館時間 16：30）；週一休館（如遇國定假日，隔日休館）。

💲 常設展￥500；企畫展依現場公告為準。

@ towadaartcenter.com/web/towadaartcenter.html

註 1. 不同系統交通公司之車資及停靠站不同，記得先上網確認時刻表及搭乘、下車處。交通參考網址：towadaartcenter.com/web/access1.html
2. 館內作品禁止攝影；景點所需時間：3 ～ 5 小時。

滿山火紅樹海。

乘坐纜車欣賞紅葉，彷彿一席華麗秋毯。

# 十和田八幡平國立公園
とわだはちまんたいこくりつこうえん

橫跨北東北 3 縣的「十和田八幡平國立公園」，分成秋田、岩手縣的八幡平地區，及青森縣境內的十和田地區，從青森市搭乘 JR 巴士前來，行經八甲田山登山纜車處後、拱形橋「城倉大橋」，來到著名的混浴酸湯溫泉、猿倉溫泉等數個大小溫泉鄉，再從蔦沼、奧入瀨溪流，來到終點的十和田湖。這段紅葉夢幻路線，因山形地勢關係，各地紅葉期有些落差，加上氣候變化大，植物生態、森林鳥類及花卉也各有不同，一趟旅程中，彷彿走好好上了一堂大自然課。

夏末的山頂公園「田茂萢岳」是高山植物大寶庫。

## 夏日健行，秋日紅葉散步

八甲田山為日本名山百選之一，是東北屋脊「奧羽山脈」的起端，聳立於青森縣的中央位置，是 18 座綿延的火山主峰的總稱，分成北、南兩大山系，最高山峰「大岳」標高 1585 公尺。因山中存在許多濕地，故命名時，以「八」代表多數、「甲」為日文連綿山峰之狀，而「田」意指濕原。

一年四季都可前來的八甲田山，5 月下旬才開始迎接春天，6～9 月是山間健行最佳時段，從山下搭乘纜車，約莫 10 分鐘即可抵達山頂公園的「田茂范岳」一帶，這是高山植物的大寶庫，隨著海拔升高，樹種不斷交替，待到山上時，八甲山岳稜線下，青森市街、陸奧灣、津輕半島美景全收眼下。1 小時的健行路線，沿途可見睡蓮沼、田代濕原野等 10 多處昔日火山爆發後形成的沼澤和濕原。輕鬆走完後，下山泡個溫泉，五體通暢。

原始森林和高山植物變幻出四季不同美景，9 月下旬起，由山頂往山下逐一轉紅，漸層式地彩染山頭，來趟空中漫遊最是精采。來到山頂，極目四望，一席華毯正緊密地吸附大地，如燎原般璀璨耀眼。所幸這片美麗的火紅樹海裡留下一條細小線索，供旅人前來挖掘大地的寶藏。

## 紅葉祕境的沼澤散策

來到被冠以「特別名勝」、「天然紀念物」、「日本最美 500 條散步路線」等封號的奧入瀨溪流，不僅俳聖芭蕉，日本近代文學家大町桂月也同樣讚嘆：「居必日本，遊必十和田湖、行必奧入瀨溪三里半。」。

時間允許，建議先來到「蔦溫泉」站，旅館旁的「沼澤小道（沼めぐりの小道）」由 7 個沼澤所組成，全長 2.9 公里，蒼鬱山巒被染成一片黃、橘交疊的色彩，布滿蜿蜒的軟泥路兩側，幽靜迷人，美得讓人如闖進絕景畫作，陶醉在大自然的情緒中。

蔦沼是當中最大的沼澤，清晨太陽初升、天際亮白之際，晨曦灑落在山頭，提亮了眼前的紅葉森林，樹影水波倒映在池面，染紅了池水，瞬間天地一片

1　「蔦溫泉」是進入溪流的前一站，當地
唯一的傳統老旅館「蔦溫泉」以千年祕
湯聞名，由櫸木及橡木打造的黑瓦木造
屋，溫泉源頭就在湯屋下方。

2　遊覽船能一覽十和田湖各種樣貌。

3　「雲井瀑布」是充滿流動韻律的瀑布大
道。

4　詩人兼雕刻家高村光太郎的遺世之作「少
女像」，是十和田湖著名地標。

```
┌─────┐  ┌─────────┐
│  1  │  │    2    │
├──┬──┤  └─────────┘
│3 │4 │
└──┴──┘
```

火紅，鏡頭獵影下，留下無限讚嘆。

## 「奧之細道」獨特魅力

　　奧入瀨溪流是十田湖唯一流出的川水，散策步道以「子之口」為起點，來
到「燒山」為終點，全長 14.2 公里，全程步行約莫 5 ～ 6 小時。沿途由數小
條細川匯流而成，形成大大小小數座瀑布，水量豐沛的經典「銚子大瀑布」、
水流如玉珠飛落而散的玉簾瀑、白絲瀑，讓這裡有「瀑布大道」美名。時間
有限的人，首選「阿修羅之流」～長水瀑「雲井瀑布」這段，行進方向與川
流逆行，最能捕捉到水流韻律。

1　蔦沼楓紅。
2　阿修羅之流。
3　抬頭盡是一片黃紅色澤。

溪流、水瀑夾行於兩側的原始林，潺潺流水時而湍急、時而緩，這條川徑裡，扁柏、山毛櫸、楓樹遍布其間，青苔、岩石、枝椏枯木橫道埋伏、藤蔓纏繞，隨時組合成一幅幅新風景。雖然不同季節各有風景，但不諱言，彩筆飛颺下的秋景最讓人憧憬，清冽的水流裡倒映著季節的繽紛。

## 奧入瀨源頭——十和田湖

在即將進入萬物沉寂的雪白世界前，秋風掠過溪谷，帶著溪流在森林中歡唱、又或低吟呢喃，一路來到奧入瀨溪流的源頭——十和田湖。

十和田湖位於青森、秋田縣的邊界，2萬多年前，因火山噴發後，火口陷沒而形成的雙層破火口湖。水深約327公尺，位居日本第3，湖水澄澈。湖的周圍設有4個瞭望臺，可以從各種角度欣賞湖光水色，乘坐遊覽船、漫步在湖側、登高眺望，都自在。

這條讓俳句詩人松尾芭蕉眷戀不已的奧之細道，不刻意修飾的大自然原始風貌裡，藏著無盡的變化，不論是潺潺溪水，傾瀉而下的瀑布，又或山巒包圍的十和田湖，這裡不僅是文人筆下的一生必訪地，更是攝影師眼中絕美的意境地，從奧入瀨溪流到十和田湖，只有步行其間，身心融入當中，才能挖掘出東北第一祕境的獨特魅力。教人怎能不親自踏上步道，親自來訪呢？

| 八甲田山纜車 |
| --- |

🚗 1. 從 JR 青森站、新青森站、八戶站，可轉乘往「十和田湖」方向的 JR 巴士，於「八甲田ロープウェー駅前」下車。
2. 另往奧入瀨溪流可於「焼山」～「子ノ口」站間下車。往十和田湖可於「子ノ口」～「休屋」站間下車。

🕘 9：00～16：20（11月中～2月至15：40）。

💲 大人￥1850；小孩￥850。

@
十和田湖國立公園：towadako.or.jp/towadako-oirase/
八甲田山纜車：www.hakkoda-ropeway.jp/
JR 巴士：www.jrbustohoku.co.jp/route/detail/?RID=1

註 紅葉季節八甲田山為10月中旬，奧入瀨溪流及十和田湖為10月下旬～11月初；景點所需時間約2天（含車行）。

# 給新手的貼心建議

1. 奧入瀨溪流與十和田湖，範圍頗廣，建議至少安排 2 天 1 夜。最推薦含餐的一泊二食溫泉宿。飯店多集中於十和田湖畔，若以奧入瀨溪流為主，則以傳統湯屋「蔦溫泉」、「星野奧入瀨溪流飯店」地理位置最佳，後者另提供巡迴於溪流的接駁巴士，最是方便。

2. 溪流步道中途有數處可休息，若擔心健行體力不佳，可先查好沿途各站巴士時間，便於搭乘。需注意的是，巴士 ( 青森‧八戶 - 奧入瀨溪流‧十和田湖路線 ) 僅於 4 月底～ 11 月底期間行駛，請先上網確認每年行駛期間及班次。若非自駕，不建議冬季前來。溪流起迄點的子之口、燒山均有自行車可出租，可甲地借乙地還，只是得與汽車及巴士同駛在國道上，加上國道並不寬，要多注意安全。

3. 奧入瀨溪流溫度約較市區低 5 ～ 10 度以上，且溪流間山間多霧，若遇上下雨，步道泥濘，記得保暖及注意安全。

4. 從青森前來的 JR 巴士，可使用 JR PASS ( 全國型 )，JR EAST PASS 無法使用，但因車資偏高，建議多點下車者，直接升級購買 JR PASS 較為方便。

1　入住一泊二食溫泉旅館，最能慢慢享受奧入
　　瀨溪與十和田湖。
2　星野奧入瀨溪流飯店。

弘前市
ひろさきし

我獨愛東北，不僅因櫻花、秋楓等名景震懾人心，小鎮風景同樣迷人，當中，又以東北小京都的弘前市最讓人傾心。即便淡季來訪，繁花不入城，獨樹一格的恬適風景，連街區巷弄，都教人流連忘返。

## 人文氣息足，人才輩出

天保年間，德川幕府因無力改善經濟衰退，改革聲浪不斷而有了明治維新運動。1868 年明治新政府成立後，當時的弘前藩支持新政府，因此隨著廢藩置縣，弘前市率先開辦英語教學的洋學堂「東奧義塾」，送許多青年學子留學海外，與西方交流頻繁，繁華程度不亞於神戶、橫濱等對外貿易港，西化風氣下，為今日市區留下許多洋風建築，加上人文氣息的養成，進而孕育出不少文人、藝術家及建築師，包括作家太宰治、畫家奈良美智等都出身於此。

明治初期的洋風建築，主要出自於外國設計師、工程師之手，部分參與的日本人多僅限於工匠之輩，因此早年的西式建築，多因專業知識不足而流於構造體的模仿，即「擬洋風」建築，直到 1887 年後，留學海外歸來的辰野金吾等嶄露頭角後，洋風建築才逐漸成熟，而這段過渡期間的作品，來到弘前最可窺得其貌。

其中以當地出身的大工匠、建築師「堀江佐吉」居功厥偉，憑藉著一路的努力，讓他的技術從早期的擬洋風逐漸朝向純洋風建築，另一方面，他同時培養子弟兵，現存於弘前市區的作品中，不少都是由他或弟子所設計、施工，依年代包括東奧義塾外國人教師館（1901）、青森銀行紀念館（1904）、紀念市立圖書館（1906）、弘前學院外人宣教師館（1906）、弘前

偕行社（1907，2017 年 3 月前閉館維修）、弘前教會（1907）及第八師團長官舍（1917）等。

## 舊第八師團長官舍

若說弘前洋風建築的鼻祖是堀江佐吉，前川國男則可謂是弘前現代建築之魁。前川生前的處女作「木村產業研究所」及最後作品「弘前市斎場」剛好都在弘前市。隔著護城河，兩代建築大師在此交會，由前川國男規畫的市役所旁，便是堀江及其長子所設計的舊第八師團長官舍。

這棟建築在二戰結束後，為美軍進駐，直到國有後才成為市長公舍，並登錄為國家有形文化財。平成 24 年時，為保存修繕問題而移轉至現址，在國際咖啡集團星巴克接手後，2015 年春天起，成為繼神戶北野異人館後，第 2 間以有形文化財為空間的特色咖啡館。

## 追手門前舊市立圖書館

弘前城斜對角的「追手門廣場」是歷史建築巡禮的精華區，集合了觀光館、山車展示館、鄉土文學館，及最吸引目光的舊市立圖書館、舊東奧義塾外國人教師館。

文藝復興樣式的舊市立圖書館，是紀念日俄戰爭勝利而建造於當時東奧義塾高中校區（即現址），施工完成時卻超出原預算 4 倍。昭和年間因不敷使用，在旁改建圖書館新館後，校區也因不敷使用而搬遷，於是建造者堀江便

1 舊官舍現在成為星巴克。
2 文藝復興風格的舊市立圖書館。
3 室內明亮淡雅。
4 外人教師館是大正浪漫風。
5 一整區小人國模型屋，集合了弘前洋風建築代表。

將這棟建築遷移至鄰近富野町，先後做為出租公寓及咖啡館使用，直到觀光廣場整合，才再次將建築遷移至初建之地，修復後對外開放。

3層樓的舊市立圖書館建築，外觀以當時流行木造砂漿塗上白漆，左右兩端的八角形紅磚瓦鋪雙塔是最大特色，屋簷則開設老虎窗強化採光。室內延續綠窗框、大門塗以蘋果綠、白色壁色，而多窗設計讓自然光線明亮了室內空間，保存昔日的圖書館隔間，卻如童話屋般精巧溫馨。

## 舊東奧義塾外人教師館

2005年重整後對外開放的外人教師館，位於舊圖書館後方，已逾百年歷史，是堀江佐吉為東奧義塾教書的外國教師蓋的宿舍。米黃牆色、綠窗上，覆以紅瓦屋頂，充滿浪漫大正風格，來到2樓可參觀昔日教師生活模樣，還可在這百年老宿舍裡，來份在地風味的下午茶，藩士咖啡佐蘋果派，遙憶當年西洋情緒滿溢的繁華弘前市。

最有趣的是，在這兩棟百年建築後方，一整區模型屋讓人如走進小人國裡，原來這些是當年弘前洋建築的代表，有些因不堪歲月摧殘而不復見，也有不少仍隱藏在街區巷內，在放大的地圖中皆詳列其現況及正確地理位置。尋寶前，不妨先在這裡認識這些形形色色的歷史趣味建築。

### 青森銀行紀念館

青森銀行紀念館。

同樣出自堀江之作的青森銀行紀念館，是縣內最初設立的國立銀行，1872年明治時期所頒布的國立銀行條例中，日本全國各地銀行的設置皆採用編號順序方式，其中弘前市於明治37年（1904）開立的「第五十九國立銀行」，由前青森市長芹川得一擔任首任行長，之後因經濟風暴而與市內五家銀行合併，並更名為青森銀行。

此館原位於大馬路上，採左右對稱的文藝復興式樣，青灰色的外牆氣勢非凡。隨著建物老舊，一度打算拆除重建，但在地方市民希望保留的聲浪下，決定將它移築至50公尺處的現址，以紀念館型式保存，列入國家重要文化財。

挑高的木造2層樓建築，推開沉重的大門，1樓保留當年營業櫃臺，現為館內人員工作檯，內部展示從明治時代至今的現代貨幣資料、各年代的交易貨幣等，愈看愈有趣。也意外發現，當年因銀行身負保管財產的功能，堀江在設計時，還加入許多土藏造技術，概念如同今日的保險箱。

但到底骨子裡是存在著大和民族情懷，一路的洋式建築巡禮中，會發現許多外觀洋風的建物中，內部裝潢多採和洋折衷設計，包括這裡。抬頭一望，內部天花板上有著罕見的金唐革紙，2樓大會議空間，則以青產森特有的檜木、櫸木製成樑柱。日本工匠的慎密也同樣展現在屋簷設計上，特別注意到積雪及防雪滑落等細節，百年前的建築智慧，在這些建築中完全呈現。

### 巷弄處處見藝術品

土手町一帶是弘前市的熱區，商店街上百貨、餐廳、甜點店、咖啡館林立，新舊建築並存。紅磚尖頂城堡的「一戶時計台」，鐘樓上面佇立著一隻風見雞，讓人看一眼就印象鮮明。

走入一戶時計台對面小巷，眼前歌德式紅磚建築「弘前昇天教會」，是1921年時由美國建築師設計，融合英式風格，美麗的鐘塔相當獨特。從教會旁的小徑可來到通往「吉井酒造煉瓦倉庫」，這裡是插畫家奈良美智以小木屋為概念的「A to Z計畫」首站展館，並展開一系列國內外巡展，最後拍成紀錄片《跟著奈良美智去旅行》外，並留下3公尺高的「A to Z紀念狗（A to Z Memorial Dog）」，睡眼惺忪的模樣，好討人歡心。

不過狗狗因長年放置戶外而變得傷痕累累，奈良美智與收藏單位決定進場維修，終於在2015年12月，移至吉井酒造煉瓦倉庫內重新和大家見面。

## 蘋果派與藩士咖啡

歷史文化衝擊下的弘前市，洋化開放又極具內斂氣質，讓弘前人總堅持著自己的生活品味，他們喜歡喝咖啡，咖啡館密度高，甜點文化風行，市區至少超過40家的蘋果派專賣店，正統店家隨便一推就是5、6款不同品種及做法的蘋果派，品嘗的同時，也忘了試試日本最早的庶民味——藩士咖啡。

日本的咖啡文化萌芽於江戶時代，當時由荷蘭人引進至長崎出島，因量少而被視為珍稀品。而源於1855年的藩士咖啡，因當時幕府為防禦俄羅斯，便派指弘前藩士前往北海道宗谷岬駐守，許多人在嚴寒環境下，缺乏維他命而患有水腫病，聽聞咖啡有助於消除水腫，於是幕府便將咖啡分配部分至北海道駐地，作為藥用。

傳統藩士咖啡的製作方法是用鐵鍋焙煎生豆成炭黑色，再將咖啡豆放入研缽搗碎成粉後，裝入麻袋，放入水壺以熱水浸泡，待浸出顏色後再倒入茶碗飲用，口感醇厚且帶有苦味。

為了再造觀光，當地政府昔日這款作為武士用藥的「藩士咖啡」重新調配，按傳統沖調法，浸泡一下，雖比不上高級豆的香醇及層次感，但順口不苦澀，一併入喉的還有這歷史滋味。

洋化程度高的弘前，咖啡風氣盛行，鼎盛期咖啡館曾高達600多家，即便

1 蘋果產量第一的弘前市，街頭各式蘋果裝飾，如美學之道，也挑起了味蕾。

2 弘前人的廚房「虹市場」，位於車站附近，營業時間早，販售各式新鮮海鮮，也有許多熟食，價位便宜，食材新鮮。

3 香醇古法藩士咖啡。

4 在觀光案內所即可索取蘋果派指南，按圖索驥，掀起味蕾的感知，不論是派皮包覆 1/4 顆紅玉蘋果，或是大塊蘋果粒與奶油肉桂鑲在酥脆外皮裡一起烤過，香酥派皮與甜中微酸口感的蘋果香氣，搭配紅茶或咖啡，果然是人間美味。

| 1 | 2 | 3 |
|---|---|---|
| 4 | | |

今日也還有百餘家。但想試試藩士咖啡，除了最早的「成田專藏珈琲店」，藤田紀念庭園裡的「大正浪漫咖啡館」、「舊東奧義塾外人教師館」附設咖啡館及市區許多老咖啡館都有提供，販賣可外帶包裝。

**弘前市**

🚗 1. 於 JR 新青森或青森站，轉乘 JR 特急津輕號列車或奧羽本線 JR 普通列車（車程約 45 分鐘），於弘前站下車。

2. 市區景點多集中在車站至弘前城追守門、市役所一帶，區域集中，步行距離約 30 分鐘範圍內。建議搭乘市區土手町或弘前公園的百圓巡迴巴士，或於車站前租借單車最便利。

@ 弘前市觀光：
www.aptinet.jp/index.html
青森縣祭典：
www.aptinet.jp/event.html#festival

註 景點所需時間：3 ～ 5 小時。

弘前城夜櫻。

# 弘前公園、弘前城
ひろさきこうえん、ひろさきじょう

櫻花瀑、櫻垂簾、櫻隧道、櫻吹雪、櫻絨毯，春天的弘前城，連日本人都想盡所有美麗的詞彙仍覺詞窮，光是園內就種植高達 50 餘品種、2600 株櫻花樹，每年 4 月下旬，由護城河旁的吉野櫻率先綻放，待水面鋪出壯闊的花筏絕景時，城廓內的枝垂櫻正燦爛，讓弘前城向來有「日本第一櫻花祭」美譽。

西元 1715 年時，一名藩士自京都嵐山帶回 25 株野生品種的「霞櫻」，便將一株種植在現弘前城內，現今樹幹雖已朽，但切枝出來的部分仍每年開出粉白色花朵。明治維新後，弘前藩士菊地楯衛不忍城堡荒廢，一株一株慢慢種植出千餘株櫻樹，加上後代市民們共同努力，讓現今的弘前城花團錦簇，以數大之美取勝外，園內還有不少珍稀品種，冠以弘前的枝垂、雪明櫻、白色花朵的「手帕櫻」、淡黃色澤的「鬱金」，都為弘前城添了不少特色。

| 1 | 2 |
|---|---|
| 3 |

1　2014 年起弘前城將逐區進行修繕作業，園方也會公告進度。2015 年除了本丸護城河外，天守護也將移築至園內他地，與前方「御瀧櫻」的代表名景將在多年後才能重見。

2　從本丸可眺望青森縣境內最高峰的岩木山，標高 1625 公尺，因積雪和圓錐的山型形似富士山，而有津輕富士之稱。

3　弘前公園外圍護城河，流水花瓣自然形成的「花筏」一景，被列入「死之前一定要去的世界絕景」之一。

## 櫻花伴古城

來到弘前公園，不僅是櫻花，名列「日本七名城之一」的弘前城同樣值得細細品味。

初代藩主「津輕為信」因在小田原及關原之戰有功，受封弘前藩，由他規畫的弘前城，8年後（1611年）在第2代藩主「津輕信枚」任內完工，別名「鷹岡城」、「高岡城」，由本丸、二之丸、三之丸、四之丸、北之郭、西之郭等6處所構成的「梯郭式平山城」，面積廣大，規模宏偉，成為津輕地區的政治經濟的中心。

不過初建時的5層樓高天守閣，遭雷擊而燒毀後，當時幕府為避免成為作戰堡壘而禁止重建，因此直到200年後的江戶時代，在第9代藩主將原箭樓（辰巳櫓）改建成為今日3層樓模樣，而成為日本現存12座天守閣中，最北、最晚建造完成的，規模雖不大，卻是東北唯一重建而成的。內部是「弘前城史料館」，展示弘前藩的文史資料。難得的是，建城400年的弘前城，包括櫓、城門、護城溝渠、石垣牆、土壘等遺跡幾乎都維持原樣，並保留許多重要的文化遺產，十分珍貴，而名列日本國家指定史蹟。

除了弘前城，包括植物園、市立博物館、市民廣場都隸屬弘前公園的範疇。春天的本丸區，弘前枝垂櫻、八重紅枝垂櫻如白晝中綻放的花火，充滿迫力，粉玉如珠串成簾瀑，映照著後方的天守閣，讓古城遺跡的剛強瞬間化作柔美。來到高臺處，聳立的岩木山是青森人的心靈神山，與下方成排的櫻花道，立起一方北國的絕景，何況燈光照射下的夜櫻，讓人陶醉在北國的夢幻夜色中，難以抽身。

可與本丸購買共通票的弘前城植物園，園內種植1500種、12萬4000千棵樹木與花草植物，一年四季依節令展現不同樣貌。日本人愛菊，每年10月底的菊花展，以當令菊花妝點古蹟，加上秋牡丹、楓葉，白神山地的山毛欅木，在園中賞花、喝茶，聆聽津輕三味線、和津輕民謠，好不愜意。何況弘前城也是紅葉名所，燦紅的楓樹與古老城門、成排轉櫻樹紅葉倒映在城河上，讓

最勝院五重塔。

秋日的弘前公園，恬靜而優雅，道盡所有的閒情逸致。

　　對弘前歷史建築有興趣的，可再來到城廓東南方的「最勝院五重塔」，這由第 3 代藩主規畫，花了近 10 年時光，才於 1667 年江戶時代完工。塔高 31.2 公尺，最大特色便在於未使用任何一根鐵釘搭建，為國家重要文物。我在春天來訪時，側旁粉櫻未全開，但美麗的建物正細膩地述說著文化美學，東北第一美塔，果然不負盛名。

| 弘前公園 |
| --- |
| ⌂ 青森縣弘前市下白銀町 1 |

| 最勝院五重塔 |
| --- |
| ⌂ 青森縣弘前市銅屋町 63 |
| 🚗 JR 弘前站搭乘市內循環巴士（車資￥100），至「市役所前」或「陸奧新報前」站下車，步行 4 分鐘後抵達；或從弘前站步行約 30 分鐘（櫻花期間有直達巴士可到達）。 |
| 🕙 櫻花祭期開放延長時間：弘前公園 7：00 ～ 21：00／五重塔 9：00 ～ 18：00。 |
| $ 弘前本丸‧北之郭及植物園門票：各大人￥300／小孩￥100（共通票：大人￥500） |
| @ www.hirosakipark.jp |

註 櫻花季約為 4 月下旬～ 5 月初，期間有夜櫻開放。紅葉季為 11 月上旬；景點所需時間約 4~6 小時。

# 藤田紀念庭園

ふじたきねんていえん

相較於弘前城的盛名，位於追手門後方藤田紀念庭園是我鍾愛的私房地，特別是秋日前來，園裡的林木繽紛得讓人微醺在其中。

## 私人庭園的和洋意趣

建造於大正 8 年（1919）的藤田紀念庭園，面積廣及 6600 坪，是東北僅次於平泉毛越寺的第二大庭園。這裡原是日本商工會議所首任會長藤田謙一的私人別墅，出身於弘前市的他，特別從東京聘請造園師，以江戶風格情趣打造日式庭園，並請弘前洋式建築大棟樑堀江佐吉的六男金造設計洋館。

隨著藤田逝世，所有權幾經當地的陸奧銀行、銀行俱樂部轉手後，一度荒廢。直到 1987 年時弘前市政府收購作為建市百年紀念，重新整頓後，於 1991 年對外開放，並於 2003 年被登錄為國家有形資產。

1　高臺部上的和館。
2　洋館廊道用餐區可眺望庭園美景。
3　可口的紅玉蘋果派搭配潘士咖啡，是弘前最有氛圍的下午茶空間。

| 1 | 2 |
|---|---|
|   | 3 |

　　從東口進入，先來到園內的高臺部，洋、和館及考古館各據左右兩側，後方還有一片占地極廣的江戶風情庭園與茶屋。近入口處的考古館，原為藤田家事業用的倉庫，裝修成展館，展示津輕一帶出土的土器等重要文化財。

　　緊鄰考古館的和館，是藤田將自家住宅的木造屋移築而來，雖非原建築，但設計更巧妙，「雁行型」的屋簷結構，遠看如展翅飛翔的大雁形影，氣勢十足；內部則透過廊下串連數棟木造間，極高級的屋久杉一枚板、巧奪天工的杉戶繪、匠心獨具的雕欄玉砌，並以巨大的鞍馬石作為杏脫石連接庭園，搭配松柏、借景遠方岩木石，細巧的規畫，看得出主人不凡的品味。

## 洋館感受大正浪漫

　　八角紅磚煉瓦的展望室連結兩棟建物的洋館，屋瓦堆砌如蛇紋，外觀結構頗繁複。裡面則保留當時格局，房間有小型音樂廳、會議室及藤田家歷史資

料及相關文物展示間。19 世紀，由文學家夏目漱石提出的「浪漫」一詞，讓不少文學、建築，甚至氛圍都喜歡掛上大正浪漫，作為形容新時代的思潮。洋館中的一間「大正浪漫喫茶室」便以復古磚瓦、典雅的陳設，連結後方庭園景觀的廊道，創造浪漫主義氛圍，是當地的人氣咖啡館。

拜訪過不少日式庭園，個人粗淺的觀感是首看選地功力，藤田紀念庭園取勝之處便在於高低落差近 13 公尺的，因此規畫以高臺部、低地部作為區隔。建築後方的高臺部面積較小，以日式庭園為主軸，借景岩木山，融合西式造園概念，種植百年枝垂櫻及多株楓樹，映襯著低調和館、繁複洋館建築，彷若走進大正浪漫的美好時光。

順著石階往低地部來到迴遊式池泉庭園，巧妙善用懸崖落差的地勢夾層，紅拱橋、流瀑正好倚其上，潺潺流水入池泉裡，搭配石燈籠、綠松等植栽景觀，活潑了日式庭園中的元素，細膩地譜寫詩意，任何角度都有如一幅幅生意盎然的風景畫。

沿著園內步道，高低落差、深淺有致的庭園裡，徐徐禪風，樹木靜無言，望似幽淡，無奈季節太繽紛，迷亂在心間。窩在角隅的日室茶屋「松風亭」，美到讓人不想離去的午后，遊客三兩，換得的悠閒時光，一輩子難忘，誰說秋日多愁而善感，此刻暖意回流入心，甦醒靈魂。

| 藤田紀念庭園 | |
| --- | --- |
| ⌂ | 青森県弘前市大字上白銀町 8-1。 |
| 🚗 | 於 JR 弘前站搭乘巴士至「市役所」站下車步行 3 分鐘；或自 JR 弘前站步行 30 分鐘。 |
| 🕐 | 4 月中旬～ 11/23，9：00 ～ 17:00（開園期間無休）。 |
| $ | 大人￥310；小孩￥100（洋館免費；另販售與弘前城、植物園之三館共通票）。 |
| @ | www.city.hirosaki.aomori.jp/gaiyou/shisetsu/2014-1206-1549-48.html |

手提蘋果的女孩，是蘋果公園裡著名地標。

# 弘前市蘋果公園

りんごこうえん

來到全日本蘋果產量第一的青森縣已不下十多回，弘南鐵道、五能線幾個路段，從春天淡白色蘋果花，一路來到秋日結果熟成，買到季節鮮甜的青森蘋果很容易，但紅通通的蘋果掛滿樹枝的可愛模樣更討人喜歡。

## 品種繁多，目不暇給

青森縣因緯度高，適合種植溫帶水果，1875 年自美國移植 3 株樹苗，種植在縣政府庭院後，開啟了青森的蘋果歷史。百年之間，不但讓青森縣躍升為蘋果重鎮，總種植面積、總產量都占全日本總產量一半以上，光是弘前又占了當中半數以上，高居全日本之冠，也成了最具招牌的觀光產業。

開放式的蘋果公園，結合果園、公園、觀景臺、

| 1 | 2 |
|   | 3 |

1 前往蘋果公園，沿途的反射鏡、人孔蓋、指示牌等，都以蘋果為造型。

2 蘋果園裡的「シードル Kimori」，三角屋頂純白建築，第一眼還以為是高級甜點店，其實是讓民眾體驗手作蘋果氣泡飲的工房。

3 甜中帶酸的「世界一」，快快轉紅吧！

體驗工房及餐廳商店等。不同品種的果樹分別掛上名牌讓訪客易於辨識。園中共種植高達 65 種、共 1300 多棵蘋果樹，每年 8 月起，從極早生種的「夏綠」打頭陣，緊接著「黃王」、「未希來福」、「津輕」陸續登場，來到 10 月主要採收季時，「金星」、「喬納金」、「紅玉」、「王林」及最多產量的「富士」接連收成。當中，我最喜歡的便是當地開發的高級品種「紅星元帥」、「世

界一」，特別是後者，甜中帶點微微蘋果酸，香氣濃郁，一回在當地水果攤商老闆推薦後，那滋味自此成了我心中的世界第一。

## 現摘現吃的新鮮樂趣

蘋果樹包圍的公園腹地，中間為山丘高臺，可來到展望臺，眺望環繞四周的岩木山、白神山群。後方是鮮豔如蘋果色彩的遊樂區，讓人郊遊野餐、開心玩樂，一旁超過百年歷史的茅葺民宅「舊小山內家住宅」，已列市文化財，是戰前津輕地方典型的農家住宅樣式，自市內解體移築而來，展示當地栽植蘋果業者的生活、工作使用的農具，不論就產業或歷史性都難能可貴。

接著，跟隨提起一籃豐收蘋果的女孩雕像，進到「蘋果之家」一嘗新鮮蘋果滋味。每年 8 ～ 10 月的收成季期間，可依當天收成的蘋果種類，體驗現採現吃的樂趣，一口咬下，滿嘴香甜。一側的蘋果館，打開世界之窗，從各國產地、品種認識蘋果，繁多種類真是讓人眼界大開，原來還有不少是只能觀賞、不能食用的蘋果呢！

商店裡各式以蘋果為圖騰的紀念品、伴手禮等，琳瑯滿目，還是先把帶不走的限定美味打包入肚比較重要，比起整個城市都容易買到的蘋果派，季節限定的蘋果冷麵，Q 彈清爽，拌醬帶有淡淡果香，美味完全超乎期待值。

臨走前，樹上結實累累的蘋果，微紅色澤泛開在青綠果皮上，像是預告著秋收在即。想到了電影《這一生，至少當一次傻瓜》中許多溫暖動人、笑淚交織的片段，每回握著手中巨大的蘋果，咬一口，那香甜滋味，我想便是融入淚水、汗水後，堅持的滋味吧！

| 弘前市蘋果公園 | |
|---|---|
| ⌂ | 弘前市大字清水富田字寺沢 125 番地 |
| 🚌 | 1. 於 JR 弘前站搭乘「居森平・田代・大秋・相馬」方向巴士至「常盤坂入口」站下車，步行 7 分鐘（車程約 20 分鐘，車資￥290）。 |
| | 2. 或可搭乘蘋果專車「ためのぶ号」，直達蘋果公園入口（車程約 40 分鐘，車資￥200）；班次一天僅 4 班，請先確認搭乘時間，12 ～ 3 月停駛。 |
| 🕐 | 蘋果之家 9：00 ～ 17：00（公園 24 小時開放；全年無休）。 |
| @ | 蘋果公園：www.city.hirosaki.aomori.jp/ringopark/ |
| | シードル Kimori：kimori-cidre.com/product.html |
| 註 | 蘋果採收季為 10 ～ 11 月；景點所需時間約 2 ～ 3 小時。 |

# 盛美園
## せいびえん

追 隨著吉卜力電影《借物少女艾莉緹》來到盛美園，才知道此處是明治時期與京都「無鄰庵」並列國家指定名勝的三大美園之一。

### 津輕特有庭園，匠心獨具

進到園內，眼前以日式庭園、洋屋盛美園及御寶殿組成的美麗風景，超出我的期待。電影中登場的宅邸一部分雖是參考這裡，但實際中的盛美館不論在外觀、內部設計及結構，都更具名流匠心的質感，影像上不太容易聯結。

昔日的弘前市、黑石市一帶，造園業興盛，只要是中產階級以上的家族，都習慣築庭造園，造就津輕特有的「大石武學流庭園」流派，至今還有不少存留下來的歷史建築。

當時資產豪族清藤家第 24 代的清藤盛美，因熱衷於庭園設計，為了完成夢想中的庭園，足跡遍及東京、京都及四國，最後聘請造園宗師小幡亭樹，為其規畫這座結合池泉枯山水迴遊式庭園。因大石武學流的配置中，巨石是要角，但這些長達 2 公尺的

重石可不是人力能夠處理，得由馬車自各地慢慢搬送。另一方面，考量當時社會環境才剛歷經飢荒，為協助農民補貼家計收入，僅在每年冬日休耕期間才動工，讓這座初建於明治 35 年（1902 年）開始，歷時 9 年後才完工，並自取其名為「盛美園」。

廣及 1.2 公頃的池泉迴遊式庭園，以北方紅豆杉木，模擬出創造天地的「造化之三神（眾神）」，除最靠入口處的「草之平庭」，三側各以「登拜山」、「真之築山」、「行之築山」環繞中央的池泉與枯池，中央部位作為田園意象，借景津輕遠山，池中築有神仙島，搭配當地特有的石燈籠「野夜燈」，出眾的名園景致，展現武學流真髓而遠近馳名。

## 建物富麗堂皇，目不暇給

一旁的「御寶殿」採定時參觀，外觀如倉庫，內部全貼以金箔裝飾，祭祀鎌倉時代的大日如來本尊。入母屋造的破唐風加上兩側國寶級的蒔繪，在幽暗空間中險得金碧輝煌。只是 3 分鐘的播音方式介紹，還來不及細細觀看已結束。

主建築「盛美館」完工於第 25 代的清藤辨吉。明治維新後，建築西化成了趨勢，他以當時富麗洋風建築的象徵鹿鳴館為參考，完成了這棟和洋折衷的美麗建築，湖水綠的屋瓦搭配白色牆面，氣質出眾。外觀為典型明治時期的洋風建築，細看 1 樓是純日式木造，大量使用黑檀、白檀及紫檀木，突顯資

1  在偌大的日式庭園裡，為實踐對大自然的感
    恩之意，設置小神社，供奉樹木。
2  盛美館 1 樓為和式，2 樓為洋式建築。

產家的氣勢，前方的緣側正好成了眺望庭園最佳地點。

　　2 樓雖是洋式設計，卻維持日本人習慣的塌塌米地板，只是建物已百年屋齡，多數時候 2 樓都不開放，來訪時因園內僅我 1 人，特別獲邀入內參觀一會。外觀的八角圓頂如騰於空中的展望室，有空中閣樓之稱，角落一把藤椅面向庭園，窗簾布微微飄起，望著園中景致，原本一直不覺得存在電影相似畫面的我，此刻終於有些重疊的影像。

　　但這已不重要。經典老房與庭園，讓人愛上的是懷舊時光下的悠然之心，收起手中的相機，望著前方泉池山水與遠山、天際融合為一的美好片刻，難以描繪的恐怕還是文字、照片都沒法傳達的微風細語與恬靜時光。

| 盛美園 | |
| --- | --- |
| ⌂ | 青森県平川市猿賀石林 1 |
| 🚗 | 於弘前站搭乘巴士至「盛美園」站下車即是（車程 30 分鐘）。或自弘前站搭乘弘南電鐵於「津軽尾上」站（車程 20 分鐘）下車，步行 10 分鐘。 |
| 🕐 | 4/10 ～ 9 月　　　　09：00 ～ 17：00<br>10 月 ～ 11/20　　 09：00 ～ 16：30<br>11/21 ～ 4/9　　　 10：00 ～ 15：00 |
| | 1. 休館日：12/29 ～ 1/3。<br>2. 各館 11 中旬 ～ 4 月上旬為半價，但御寶殿不開放。 |
| $ | 成人 ¥430；國、高中生 ¥270；小學生 ¥160 |
| @ | www.seibien.jp |

註 1. 弘前電鐵與 JR 為不同交通體系，東
　　　日本通票無法使用，且車站雖在同一
　　　大樓，實為兩個不同車站，需多加留
　　　意。
　　2. 景點所需時間：2~3 小時。

# 稻田彩繪藝術

以綠油油的稻田為畫布，秧苗為畫筆，色彩繽紛、姿態生動的大型彩繪躍於其上，浮世繪景、優美藝妓、瑪麗蓮夢露、古代武將、嫦娥奔月、美麗富士山景，連鹹蛋超人都是畫作主題，這可不是外星人跑到日本做出的麥田圈，而是已有 20 年以上歷史的青森稻田彩繪藝術，更讓全球跟著這股風潮，興起稻田作畫樂。

## 創作艱難的稻田繪畫

不過比起花田，這可不是個輕鬆的工作。一幅占地 7、8000 平方公尺的「稻田畫」，事前準備工作繁複，每年 4 月時由負責人召集村民討論當年主題、色彩配置，精確計算整片稻田裡，現代米與古代黑米、紫米等秧苗應如何配置。執行時，得先以畫線器在農田畫出九宮格，依圖樣定出座標、牽線描出

要完成稻田畫作，需要經過精密計畫。

圖樣或字體輪廓後，還得動員超過千名農民共同插秧，「種」出這幅畫。重要的是，因採眺望方式欣賞，所以插秧前得精確地算出樓高與眺望時的視角誤差值，前置作業才算完成。之後隨著水稻生長，每年6月，當這幅天然大作慢慢呈現時，便是驗收當年成果的時候。一年一期，想一瞧這壯麗的稻田彩繪，8～9月是最佳欣賞時節，初秋稻田收割後，就得等到隔年6月了。

## 期間限定！農夫化身藝術家

1993年開始的水稻田藝術，靠農民們種出的好創意，讓「田んぼアート」一詞成了每年夏天的熱門關鍵字。為了增加民眾的驚喜，事前所有宣傳皆僅止於播種、插秧及開放資訊的告知，站在平地，也難以看出稻作端倪，直到登上展望臺那瞬間，期待了半年的畫作攤在眼前，雖無法高掛美學殿堂，但當潮熱的夏風吹起，望著搖晃的稻穗閃閃發亮，這幅由一群農夫們混著汗水、合力完成的天然名畫，和著稻香，可是無比珍貴！

| 稻田彩繪藝術節 |
| --- |
| ⌂ 青森県南津軽郡田舍館村大字田舍舘字中辻123番地1（田舍館村）。 |
| 🚗 田舍館村展望臺（第1田んぼアート）：於弘前站5號巴士站，搭乘前往「黑石・大川原」方向於「畑中バス停」下車（車程25分鐘），步行3分鐘。<br>彌生之里展望所（第2田んぼアート）：於弘前站搭乘弘南鐵道於「田んぼアート」站下車，步行1分鐘。 |
| 🕐 每年6～10月初，8：30～18：00（最後入館時間17：30；6、10月開放時間為9：00～17：00）。 |
| $ 各館成人￥200；兒童￥100。 |
| @ www.vill.inakadate.lg.jp/ |

註 每年開放時間略有不同。另外，1館與2館之間有定時巴士接駁，請先上網查詢。

## 青森縣鄉土滋味

### 蘋果

　　幾乎與青森畫上等號的蘋果，光這裡就占有全日本半數以上產量，從岩木山下，沿著五能線、弘前鐵道都是蘋果主要產地，每年夏末到秋天是蘋果主要產季。除新鮮蘋果、種類繁多的蘋果製品、飲品，還有香氣十足的蘋果溫泉。來到青森縣，沒嘗嘗蘋果滋味，肯定會遺憾呢！

### 海鮮、干貝

　　青森縣三面環海，一年四季都能捕獲各式的新鮮海產，從太平洋側的八戶海岸到市區輕津海峽、日本海側的鰺澤、深浦等地，讓境內處處可找得到新鮮且物美價廉的壽司店、海鮮料理亭。其中以境內第一、二大城的青森市及八戶市，店家最多，也最集中。另外，青森縣捕獲的干貝量，超越北海道，不但是日本第一，鮮甜程度更是無人能及，在境內有專門販售干貝料理，從生食、火烤等，多種吃法讓人大大滿足。

### 煎餅湯

　　岩手縣的南部煎餅傳至青森八戶一帶後，作法、口味略有不同。其中著名的鄉土料理「煎餅湯（せんべい汁）」，大受饕客歡迎，成為全日本 B 級美食大賽常勝軍，並曾在 2012 年大賽中拿到冠軍。其以青森當地新鮮漁獲為底，加入大量菇類、蔬菜、雞肉及調味料熬成湯汁後，再將湯汁專用的南部煎餅折成塊狀丟入，帶些軟嫩口感的煎餅沒有想像中黏爛，反而吸收湯汁精華，口感十分特別。

第 七 篇

秋田縣
あきた Akita

# 循美麗線索，探美人故鄉

## ● 行程建議

1. 新幹線上的秋田、角館站，都可以步行或單車方式完成一日之旅，但參加竿燈祭建議住宿在秋田市中心，且最好 4～5 個月前先預訂房間。

2. 田澤湖安排 1 日遊或夜宿皆可，田澤湖巴士及船班少，需事先查好接駁方式。

3. 秋田站可轉輕津號（つがる号）或白神號前往弘前、青森，並與盛岡市安排成 5 天 4 夜旅程。

4. 秋田站可轉搭 JR 男鹿線至男鹿半島，但男鹿半島交通不便，市區得以計程車旅行，建議時間充裕再安排前往。

## ● 住宿建議

　　秋田站周邊有許多商務及大型飯店，車站～竿燈大街前這段列為首選。溫泉鄉可以田澤湖畔或乳頭溫泉區為主，交通便利，第一次前往也不易迷路。

## ● 旅遊小叮嚀

　　秋田縣因緯度關係，冬長夏短，真正炎熱月份不多，降雪量大，冬季前往要特別注意保暖，也要留心列車及巴士運行狀況。

## ● 參考網站

　　秋田縣觀光官網：www.akitafan.com/（含繁中版）

秋田市
あきたし

在日本，總愛以「九州男兒」、「秋田美人」為勇男、美女的表徵。與埃及豔后、楊貴妃名列世界三大美人的小野小町，因出生在中平安時代的秋田，讓這裡有了「秋田美人」美名。

還有日本醫師針對秋田美人多的傳聞做了較具科學的研究，包括因豪雪日照少，空氣好、水質佳，食物中帶有美白成分，及玉川美人湯的酸性成分，所以相較於日本 22% 的皮膚偏白者，在秋田則有高達 30% 的女性皮膚白皙、紅潤，「美人故鄉」的名號自此不逕而走，「小町（こまち）」也成了美麗的代名詞。高級的秋田米、標榜美白素肌功效的保養品紛紛以此為名，秋田縣在新幹線開通後，也以「小町」作為列車名，不但帶動觀光，也讓旅人發現這過去諸侯城下町，令人驚豔的一面。

1 沿著旭川漫步，頗為閒適。
2 市民坐在花下野餐。

## 適合散步的秋田市區

出站後沿著商店街步行，棋盤式的街區規畫，綠蔭成林，是個極適合以散步探索的小城市。

轉個彎來到「市民市場」，傳統市場裡集合近百家店舖，依肉品、生鮮、蔬果、地酒、生活用品分區經營。乾淨程度讓人乍舌，即便在魚肉攤販區也聞不到任何腥味，鮮美而廉價的各式生食海鮮讓人看了食指大動。

沿著商店街往竿燈大街方向前去，流經市中心的旭川悠悠切斷筆直街道，河川面積不大，但數條連結橋密集排開，跨過川彼岸，這裡是昔日繁華街「川反」，餐廳、居酒屋、特色小店如填格子般，整齊排列，而有「川反一千軒」一稱。

白天前來，完全換個面貌，喧鬧繁華街瞬間成了靜謐巷弄，站在橋上眺望這日常風景，靜待樹上的鳥鳴，為這美麗城市唱出曼妙序曲。

| 1 | 2 |

1　千秋公園的秋天，一樣令人驚嘆。
2　另外一種寧靜的美。

## 悠遊城下町的庶民生活

　　17 世紀初期的秋田市，是江戶時代久保田藩（亦稱秋田藩）的城下町核心地，初代藩主佐竹義宣看中高臺地勢之便，在此築城，之後長達 267 年、歷經 12 代藩主皆以此為據點。久保田城是座沒有石垣及天守閣的平城，江戶後期正式更名為「秋田城」。直到廢藩制縣後還相安無事的城廓，卻在一次失火後，所有建物付之一炬，之後改建為公園，並由當地出身的漢學者狩野良知冠以長久之意的「千」字，命名為「千秋公園」，期待秋田能永保繁榮。

　　初訪秋田時，原本只為秋田舊美術館而來，離開前被千秋公園探出頭的春櫻吸引，引領我走進這片花團錦簇中。上千棵櫻花樹盤據的公園內，浪漫的美麗花海同步齊放，以粉紅溫柔包裝這過去用以作戰的軍武之地。大氣魄的大山、大景和爽朗的東北人一樣，櫻樹下吃著「花見便當」、開懷飲酒唱歌，等春風拂過、心靜過，不慍不火地調息、練功夫，完全不在意外人眼光。

　　秋田市區高樓不多，依著階梯步上秋田城，可來到制高點的「御隅櫓」，飽覽市區美景。「櫓」在日文中原指城廓四周的角樓，通常是以射箭向敵人的攻擊要角。舊城址原有 8 座御隅櫓，因失火關係，現存這座是慶祝秋田建市 100 週年時依當年模樣重建，天氣好時，連 1 小時車程外的男鹿半島也盡收眼底。

## 秋田的熱情「竿燈祭」

過了二町目橋後，即可來到「竿燈大街（竿燈大通り）」。每年 8 月 3～6 日為期四天的燈竿節便以這裡為舞臺，表演人龍、加上各地湧進的大量觀光客，把整條街道擠得水洩不通。

超過 260 年歷史的竿燈祭，起源於江戶時代中期，是秋田最具歷史的民俗節慶活動，在務農的年代，因暑夏下田易精神不濟，當地人便流傳著，以長長竹竿驅趕炎炎夏日作亂的睡魔及病魔，讓農民辛勤耕種，當年才能穀物豐收，時至今日則成了秋田每年最大的觀光祭典，也是東北六大祭典中，我最喜歡的。

重達 50 公斤的大竿燈（日文「大若」），以長達 12 公尺的竹竿，中間掛有 9 根橫竹、吊起 46 只紙燈籠，表演者依規定只能以手心、額頭、肩及腰等 5 處，一人獨力撐起，團隊可輪番接力演出。2 小時的演出，各組人員抬竿燈、囃子團入場就定位後，便豎起巨大竿燈，開始使出絕技，表演時要能判斷風向、保持平衡，有時還會刻意挑戰高難度，2～4 具竿燈交錯戲碼，展現精湛技術。整個祭典就在尖叫聲、歡呼聲交錯下結束。

有時遇上風勢大時，眼看大竿燈幾乎快倒下，此時正是考驗團隊默契及經驗的時刻。當竿燈倒下熄火時，只見大夥快速分工，為一個個燈籠重燃火燭，從容地再撐起竿燈，繼續演出。一晚有 3 節演出，每節中間會再進行抬竿燈遊行至下個定位再開始演出，因此沒有位置好壞，同樣都能欣賞到精采表演。

參加者皆為當地居民或企業團體組成，所以為了這 4 天祭典，大家早在 1 個月前便開始密集訓練。當中還不乏許多小朋友或中學生參與，上演著較小型的「小若」及「幼若」。竿燈隊伍浩浩蕩蕩遊市街後，在主持人激昂聲不斷喊以「どっこいショー、どっこいショー」（日文將重物扛起時的用語），270 多具竿燈、近萬個紙燈籠齊立夜空，是一顆顆真誠祈求上天眷顧、農物豐收的心意，隨著揮舞的竹竿，像是一株株夜空中搖曳的金黃稻穗，照亮黑暗，讓人好生感動。

錯過這 4 天祭典的，可來到「民俗藝能傳承館」中感受竿燈魅力。館內還提供遊客試試身手的機會，由專人一旁協助，從基礎平衡功夫練起，再逐漸用手掌試撐，即便試了最輕量級的 5 公斤小學生版，也深深覺得要維持竿燈平衡真不是容易的事。

秋田市是東北 6 縣中，離東京車程最遠的縣府所在地，但徒步也能完成的市區 1 日旅卻極其豐盛而自在。在物換星移下，歷史見證的建物與人文風情的累積，是城市中最寶貴的有形、無形資產。而這些，走在秋田市區便能深深得到印證。

### 秋田市

🚗 1. 從東京站搭乘秋田新幹線，或從青森、新青森或弘前站出發，搭乘奧羽本線「津輕號（特快）」或五能線「休閒白神號」於「秋田」站下車。
2. 可依景點步行或搭巴士至市區各景點（巴士一日乘車券大人￥850，小孩￥410）。

### 千秋公園

⛰ 秋田市千秋公園。

🕐 24 小時；御隅櫓 9：00 ～ 16：30（12/1 ～ 3/31 停止開放）。

💲 千秋公園免費；御隅櫓￥100

🚗 JR 秋田站西口沿廣小路直走，約 10 分鐘即抵。

@ www.city.akita.akita.jp/city/ur/pc/sensyukouen/default.htm

@
秋田市觀光：akitacity.info/
秋田市民市場：www.akitashiminichiba.com/
竿燈祭：www.kantou.gr.jp/index.htm
民俗藝能傳承館：www.city.akita.akita.jp/city/ed/ak/fm/default.htm

註 竿燈祭於每年 8 月 3 ～ 6 日舉辦，白天在縣立美術館前廣場有「晝竿燈」；主活動則於晚間在竿燈大道舉辦，活動於傍晚 6：50 開始，欲前來者記得先在車站觀光案內所索取活動資訊；景點所需時間約 3 小時。

| 1 | | 2 | 3 |

1　遇到竿燈倒下熄火，正是考驗團隊合作的時刻。
2　民俗藝能傳承館可體驗撐起大竿燈。
3　舉目皆是大竿燈，場面甚是魔幻。

彌高神社
久保田城跡
次郎稻荷神社
八幡秋田神社
千秋公園
民俗藝能傳承館

竿燈大街
二町目橋
廣小路
中央通
JR秋田站

市民市場

清水模畫框裡，以時空光譜為基調，用季節來調色，風、光影一同作畫，坐在美術館內的咖啡座裡，多數人都選擇靜默不語，望外窗外，欣賞眼前這幅流動的秋田風情畫。

安藤忠雄×秋田縣立美術館
あきたけんりつびじゅつかん

### 新舊映照的美學空間

2013 年正式開幕的秋田縣立美術館，由建築大師安藤忠雄操刀，從試營運期間就吸引許多人專程前來。隔著護城河，新、舊兩館開啟新世紀的美學對話框，在安藤忠雄一貫的清水模建築中，以舊館傳統山形屋頂的三角形為主元素，從建築本體開始，三角天窗自屋頂引進自然光，一路貫穿至 1 樓服務處空間，館內側邊原木階梯同樣以三角形走法來呼應，當然，這 6 個三角形也成了美術館的識別圖誌。

館內連結 1~2 樓的圓弧形迴旋梯，挑起圓與角的

空間層次，除了頂樓的三角天窗，安藤也在建築角邊，以直、橫開窗方式，讓光線柔和進入室內，營造空間豐富的表情。

全館最佳視野則屬 2 樓的咖啡館及職人逸品區，借景千秋公園，巧妙透過鏡面水池設計，讓視覺連接公園前的運河，蔚藍天空或雨中即景，園林美景一同倒映在水池裡，遼闊了視野，放大成湖泊山林般，四季的動態風景外，連舊館那最美麗的屋頂也收藏在這幅作品中。

## 地方文化走入藝術作品

營運期時，館內展示安藤的建築作品。正式開幕後時，常設展傳承舊館，以藤田嗣治代表作「秋田の行事」及數幅經典作品為主。

東京出身的藤田嗣治，赴法後將日本畫技巧帶入油畫創作中，以貓和女人為主題的畫作見長，並獨創「乳白色の肌」的裸體畫法，讓他在西方藝術界廣受好評，成為日本旅居巴黎派畫家的代表。

1934 年時，出身秋田的平野家第 3 代在東京與藤田相識，因欣賞其畫作而

1　圓弧形迴旋梯讓空間充滿層次。
2　咖啡廳點心用印有美術館 logo 的精緻杯盤盛裝。
3　以秋田杉木製作的手工藝品。

大力資助及收藏其作品，其中「秋田の行事」完成於 1937 年、長達 20 公尺寬的巨大壁畫，原是直接創作於平野家中的米倉壁上，描繪秋田縣內各式傳統活動，連平野本人也畫進作品中。在他逝世後，平野氏成立美術館展示其收藏時，特別將這幅原為ㄇ字型的畫作自倉庫解體移出，以平面方式呈現，不但極具藝術價值，也呈現秋田的四季風情。

比起歷史，地方文化更需要經過長時間的咀嚼、精鍊的思考，才能在歷史洪流中留下些什麼。建築之於地域的力量，如同生活歷練下的創作，本質裡要能以喚起原創的美好初心，但作為地方美術館，更需要扮演起市民接觸藝術美學的交流地。在秋田縣立美術館裡，這幾點都清晰可見。館內除了常設展館、2 個小型展館，1 樓則為市民藝廊，讓市民有機會進入殿堂中展示自己的作品。

「美術館是登上想像力的山，也是橫越想像力的海。」我極喜歡秋田美術館對於展館的定義。空間的大小，本就不該框限想像力的發揮，如同在地文化美學，經過時間淬煉，讓美學在生活裡，扮演起醞釀回憶的再生力量。

| 秋田縣立美術館 | |
| --- | --- |
| ⌂ | 秋田市中通 1 丁目 4-2。 |
| 🚌 | JR 秋田站西口出站，沿商店街步行約 10 分鐘。 |
| ☎ | 018-853-8686 |
| 🕙 | 10：00 ～ 18：00（竿燈祭期間延長）；不定休，請見網站年度行事曆。 |
| $ | 大人 ¥310 / 大學生 ¥210 / 70 歲以上年長者 ¥280 / 高中以下免費。 |
| @ | www.akita-museum-of-art.jp/ |
| 註 | 景點所需時間為 2 ～ 3 小時。 |

## 角館
### かくのだて

距秋田市僅半個多小時車程的角館，因幸運逃過戰火摧殘，加上角館人向來以「把舊東西都保留下」為自豪，讓城市布局、街道樣貌、傳統武士家房舍得以在 300 多年後保有原始風貌，宛若遺世的美麗淨土。從車站、派出所、觀光案內所，統一的城下町建築風格，像走入電影場景，讓人還沒到達目的地，便已沉醉在大和風情的日式優雅裡。

### 獨特街道設計，易入難出

三面環山的角館，檜木內川流經城內，一路向南至仙北平原，並與西南方的玉川形成天然護城河，優越的地理位置，早在 17 世紀初便由蘆名氏進行大規模都市計畫，之後在佐竹北家帶領下，打造武士宅邸聚集地，來自京都的藩主佐竹義鄰以家鄉街道為範本，採南北向建法，武士居住的為內町，一般民眾、商賈居住的為外町，最繁盛時期曾建有武家

屋敷 80 戶、商家 350 戶，儼然形成一座城廓。為防止他軍入侵，每條街道出入口刻意設計複雜，外觀看來又極為相似，讓敵人易入難出，迷失在城下町格局中。不過在今日觀光規畫下，來此旅行不必擔心迷路，從車站一路到武家屋敷，寬敞的街道隨時有明確指標。

## 武家屋敷一探武士生活

　　日本許多現存的武家屋敷都有共通特色，包括建築前方會挖掘多條渠道，用來防火、降溫及防敵。角館現存的外町除了神社寺院，房舍多改建成餐廳、藝品店。內町則是精華所在，可從不同建築格局、一探當年武士地位。現存的武家宅邸除收費的青柳家、石黑家，其他包括岩橋家、河原家、小田野家、松本家等，多被指定為秋田縣或仙山市的重要文化財，這些昔日的藩主家臣住居，各因地位不同而表現在屋舍建材、庭園及占地面積上，從其收藏品也能窺探其武士性格。

　　1985 年才遷出舊址的青柳家，建物保存最完整，綠樹茂密，占地極廣，整棟建築物由當時著名工匠柴田岩太郎籌畫，壯觀的母屋、華麗米倉及多間別

<table>
<tr><td>1</td><td>2</td></tr>
<tr><td>3</td><td>4</td></tr>
</table>

1 青柳家收藏許多歷史文物。
2 岩橋家主屋為木羽葺。
3 岩橋家庭院內滿是青苔,相當幽靜。
4 角館武家屋敷資料館由河原家的倉庫改建。

館,正玄關與側玄關依來客身分、地位不同而分開使用。因代代皆負責儲藏保管所有物,在當時頗具地位,除武士的鎧甲戰刀、軍袍、貨幣,當年私家收藏的西洋留聲機、美術藏品也保存完善。現以角館歷史村,聚集和風小店、體驗教室、咖啡館,讓青柳家成了角館的人氣景點,舍內還有一架山車,每逢祭典還會遊行於大街上。

當年負責財政職務的石黑家,和青柳家同樣有著極高地位,是現存建築物中最古老、規格最高的。沉重的黑牆聞得一絲肅穆,但轉身入內,傳統茅葺屋的主屋在樹齡超過250年巨大樅木襯托下,歷史氣息與自然清新讓人很難不喜歡這氛圍。相形之下,同樣也是茅葺覆頂的松本家,細枝圍牆及小宅邸,其地位便知分曉。

相較於兩館付費區,免費參觀區集中在街區起點,以岩橋家、河原田家及小田野家為代表。岩橋家屋舍因重建於江戶末期,主屋也從茅葺改為木羽葺,

庭院裡青苔舖地，爬滿石堆，木棧小徑曲折其間，還種有赤松、山楓及超過 300 年樹齡的槲樹等，雖然樸簡，卻不失武家風格。由河原家舊址的米藏（倉庫）改成的「角館武家屋敷資料館」，則展出河原家武士佐竹北家的武器及生活用品。小田野家雖同樣在祝融之災後重建，但宅邸配置仍維持舊藩時代，以樅木、紅葉搭配菖蒲等植物打造成京都庭園樣式。

跟著人群穿梭在一間間如迷宮般的連屋裡，在窄狹陡直的樓梯、通道中行上行下，拉開一扇扇的和式門，恬靜庭園外，偶爾瞥見的是散落在木格窗櫺上，歷史滄桑的光影。漫步其中頗有時光倒流之感，偶爾閃過腦際的，是一場暴坊將軍手持長刀，從民家身手矯健地竄出的無厘頭插曲。

遠離武家屋敷區的西宮家，是當年全盛時期所建設，包括主屋、米藏、北藏、文庫等 5 個倉庫，現全數改建為藝品及餐廳，武士肅靜氣息被濃濃商業味取代，不變的仍是百年基因裡流動的華麗與貴氣。

## 櫻花輝映「陸奧小京都」

傳統黑瓦平房，外頭築以黑色高牆，高大的楊柳垂蔭增添武家柔美，四季前來，各有風景。最讓人驚豔的滿城春櫻，柔美枝垂櫻與恬淡染井吉野櫻並存，讓人寧可錯失寧靜，也要擁著人群，目睹最美麗的角館面貌。

整條街道望去，粉紅瀑布輕垂黑色牆塀間，映著歷史味的空氣中，纖細如柳樹般的枝垂櫻，款款擺動、搖曳生姿，看來格外嬌弱惹人疼惜；猛然抬頭，細緻的粉紅線條密織整個春天青空，這一切都得感謝第二代藩主夫人。來自京都的她，因思鄉而從故鄉

武家屋敷街上的枝垂櫻。

<table>
<tr><td>1</td><td>2</td></tr>
</table>

1　為了紀念天皇誕生的櫻花名所。
2　檜木內川岸邊的櫻花隧道。

移植枝垂櫻樹苗，遍植於街道，為樸實剛毅的武家屋舍增添柔美古都氛圍，也讓角館有「陸奧小京都」之稱。

## 檜木內川旁的櫻花隧道

不同於武家屋敷街上纖細弱惹憐的枝垂櫻，春天檜木內川岸邊的染井吉野櫻，宛若少女燦爛笑靨般，甜美得入人心。

站在紅色的橫町橋上往川流眺望，成排的粉櫻一路綿延至盡頭遠山處。想避開人潮，建議先來到落合運動公園後，沿著檜木內川行經內川橋、橫町橋，來到古城橋。

1934 年時，為了紀念天皇誕生而於檜木內川旁栽種的櫻木，讓角館成為東北最著名的櫻花名所之一。長達 2 公里櫻花沿著川岸一字排開，編織成一道幾不見盡頭的櫻花隧道。一朵朵恣意盛開的粉櫻如棉花糖般，迎風搖曳，每當微風輕拂，為數驚人的春櫻吹雪，在空中漫舞，伴著湛藍天色與潺潺流水

聲，讓整個角館陷入在一片夢幻的粉紅花海裡。

櫻花祭時，主要紀念館、街道、川堤邊幾乎全天候上演各類活動，把原本就人山人海的小城擠得水泄不通，豪氣爽朗的東北人，讓人忍不住喜歡起熱鬧。

同樣是漫舞春櫻，含蓄內斂的枝垂櫻與恣意嬌氣的染井吉野櫻各展丰采，讓人同時收藏婉約、甜美兩種不同美感的櫻色。同樣驚豔的紅葉季節，繽紛的彩錦為威武肅穆、莊嚴凜然的武家屋敷帶來微醺的大和風情。美麗的角館，四季讓人傾心不已啊！

| 角館 |
|---|
| 🚗 1. 從東京站出發，搭乘秋田新幹線「角館」站下車（車程約 3 時 20 分鐘）；或從秋田站，車程約 44 分鐘。<br>2. 自車站步行 15~20 分鐘便可抵達主要景點，另可租借自行車或人力車觀光。 |

| 武家屋敷 青柳家 |
|---|
| ⌂ 秋田県仙北市角館町表町下丁 3 |
| 📞 0187-54-3257 |
| 🕘 9:00～17:00（冬季至16:30）；全年無休。 |
| 💲 大人￥500 高中／中學生￥300／小孩￥200 |

| 武家屋敷 石黑家 |
|---|
| ⌂ 秋田県仙北市角館町表町下丁 1 |
| 📞 0187-55-1496 |
| 🕘 9:00～17:00（冬季至16:30）；全年無休。 |
| 💲 大人￥300／小孩￥150 |

| 其他武家屋敷 |
|---|
| 🕘 9:00～16:30；12～4 月中冬季不開放。 |
| 💲 免費 |

@
角館：kakunodate-kanko.jp/
註 櫻花季為 4 月下旬～5 月初；楓葉季節為 10 月下旬；景點所需時間：3～5 小時。

## 田澤湖
たざわこ

由破火山口形成的田澤湖，水深達 423.4 公尺，居日本之冠，以碧藍湖色而聞名，從空中鳥瞰，湖面形似正圓，色澤新豔奪目，有如落入人間的藍寶石，神祕卻難掩光芒。

初訪田澤湖時，天空突然下起濛濛細雨，在民宿放妥行李後出來散步，小雨已停，山嵐氤氳彌漫整座湖畔，眺望著銀白初雪的遠山彼端，近觀紅黃相疊楓林下，被秋雨打落的零星紅葉，空氣中的濕氣重新描繪山間秋景，我的視覺界限卻被模糊了，心中既存的田澤湖未出現，反成了眼前人間幻境湖。這一幕，是向來討厭雨天的我，未曾發現的驚人天地傑作。

翌日天氣放晴，碧藍湖面泛透著琉璃光般的色澤。數年後，幾回機緣再訪田澤湖，如願看到的都是澈

| 1 | 2 | 3 |
|---|---|---|

1　田澤湖守護者「辰子」。
2　御座石神社鮮紅鳥居，與碧綠湖水相映成趣。
3　浮木神社供奉辰子化身的田澤湖龍神。

透的湖色，但存放在心中，一直有這幅雨後夢幻的田澤湖午後。

除了湖深，田澤湖的透明度在日本也僅次於摩周湖，位居第2。搭乘環湖巴士或遊覽船時，只見季節色彩倒映在一片深邃藍中，扭曲的倒影是天地間即興的油畫筆作。但一靠近湖畔，才發現水色晶瑩透亮，波光粼粼的湖面下，竟可細數水中悠游的魚群。

## 湖畔景點各有精采故事

與臺灣高雄的澄清湖締結為姐妹湖的田澤湖，湖畔是夏天露營、

## 金色辰子的美麗傳說

關於辰子的傳聞眾說紛紜，有一說是她為了永保青春美麗，便向田澤湖大藏觀音許下願望，觀音指示她喝下岳峰山下自岩間湧出的泉水即可如願。辰子隨即越過森林來到山下，果真發現湧泉，只是這一飲卻因愈喝愈渴，竟把泉水全部飲盡，待辰子回過神來，已化身為一條龍投入田澤湖底，貪念成空的辰子化身璨金身影，在田澤湖畔永遠守護者美麗的湖。另有一說是，相傳在男鹿半島造出八郎潟的八郎太郎，每年秋天都前往田澤湖會晤戀人辰子並與她一起過冬，因此地方謠傳，若情侶在辰子像前合影，將遭她嫉妒而導致分手。

帆船及水上活動的好地方。沿線景點也不少，最具代表性的景點當屬「潟尻」站的辰子像（たつこ像），雕刻家舟越保武把傳說中那不惜代價、追求姣好容貌的辰子詮釋得淋漓盡致，波光粼粼的湖面此時看來恰似一面魔鏡，即便外表璀璨奪目，娓娓道來的卻是這段悲傷的百年傳聞。

辰子像一旁的漢槎宮，築搭在湖畔突出的岩石上，小巧樸質，如浮在水中央，參拜時得先橫跨一段僅高於水面 2 公尺的小木橋，因另有「浮木神社」一名，裡面供奉的正是辰子化身的田澤湖龍神。這裡也是眺望田澤湖的絕佳地點，遠處秋田駒岳峰勾勒出清晰的山際線，映照在湖面，與辰子像相互輝映，是田澤湖代表名景。

御座石神社是田澤湖另一處知名景點，壯觀的鮮紅大鳥居耀眼佇立湖畔，供奉半人半龍的辰子，傳說這裡是辰子喝湧泉的地方，想如辰子永保青春美麗的人，可在這裡祈願，當然可別過度貪念喔！

田澤湖適合慢旅行，體驗大自然、享受深山好湯，在旅行中找到一點隨性，便是在田澤湖旅行中，最自在的體會。

| 田澤湖 |
|---|
| 🚗 1. 從東京或秋田出發，搭乘秋田新幹線至「田澤湖」站下車，於巴士總站搭乘羽後交通巴士各線，均可到達「田澤湖畔」站（車程約 12 分鐘）。 |

| 當地交通 |
|---|
| 田澤湖一周線時刻表（田澤湖發車） |
| 🕐 6:55　　*8:35　　10:45　　13:25 15:25　　16:20　　**17:55 |
| 1. 紅字班次於潟尻、御座之石各停留 20、10 分鐘。 2. * 假日停駛；**11/1 ～ 3/31 期間假日停駛。 3. 車班時有變動，出發前請先至「羽後交通」網站確認，可視停留點購買 1 日乘車券。 |
| 田澤湖遊覽船時刻表（自由田澤湖畔旁的白浜站發船，一圈約莫 40 分鐘） |
| 🕐 9:00　　10:00　　11:00　　12:00 13:00　　14:00　　15:00　　16:00 |
| 1. 紅字班次於 7/20 ～ 8/20 航行，且僅提供遊湖一周，站點不停靠。 2. 黑字班次停靠「潟尻」站，所有航線均不停靠御座之石站，但著名景點皆會提供講解，並稍作停留。 3. 船班時有變動，出發前請先至「羽後交通」網站確認。 |
| 💲 大人￥1200／小孩￥600。可分段搭乘。 |

@
田澤湖：www.tazawako.org/
羽後交通：ugokotsu.co.jp/rosen

註　1. 遊田澤湖以環湖巴士、遊覽船或單車為主。主要知名景點以單車遊湖 1 圈約 2 小時；至於環湖巴士「田澤湖一周線」、遊覽船因班次不多，預先確認時間才能有效觀光，一次遊遍著名景點。
　　2. 田澤湖最適合規畫成 2 天 1 夜，由此轉往祕湯乳頭溫泉鄉也是很好的下一站。若是 1 日行程，建議可搭遊覽船到「潟尻」站後，訪完知名景點，再搭遊湖巴士遊湖一圈。
　　3. 紅葉季為 10 月下旬；景點所需時間 3 ～ 5 小時。

## 五能線 Resort 白神號
ごのうせん　リゾートしらかみ

東北最受鐵道迷喜愛的支線「五能線白神號」，環繞著世界自然遺產「白神山地」，從岩木山一路悠遊至另一側美麗的日本海，橫跨秋田、青森兩縣，相較於內陸支線「津輕號（つがる）」特快車僅2個多小時的車程，得花上2倍搭乘時間的白神號，環繞日本海，加上沿途的世界自然遺產，最好安排2天1夜，享受無敵海岸美景的溫泉宿，當然，若時間掌握精準，1天也能玩遍沿途精華。

### 遺忘時間的美妙旅程

搭乘白神號前，先得忘掉時間，才能以餘裕的心，享受大自然帶來的美景與能量。從遼闊的津輕平原、白神山地，來到日本海沿岸的奇岩怪石、夕照絕景。經過這些名景地時，列車還會減緩車速，並以廣播介紹，讓乘客好好欣賞。

這條被日本人喻為一生一定要搭乘一次的觀光鐵路，除了同座位高度的開窗方式，前後另設特大觀景窗及面朝外的座椅，便於欣賞車外風景。最有趣的是，若是家族好友同行，還可在豪華的獨立包廂區共享歡樂時光，或將座席變成躺臥鋪，在列車搖晃的悠緩韻律下，沿著津輕海峽欣賞日本海美景。

### 搭白神號訪十二湖

因五能線班次不多、搭乘時間長，加上沿線極少支線可轉乘，若以1天行程來規畫，建議從秋田往青森方向搭乘，並利用部分車站的短暫停靠，增加體驗樂趣，還可再轉乘其他列車或巴士，前往十二湖、艫作站的黃金崎不老不死溫泉，或自五所川原

五能線白神號共有「青池（あおいけ）」、「橅（ぶな）」、「熊啄木鳥（くまげら）」3 種列車，而有白神三兄弟列車之名。其命名各取自沿線特色，包括白神山十二湖最有名的神祕藍湖青池、櫸樹及熊啄木鳥，每天各 1 班次返往其間。其中青池號為柴油電力混合式的環保列車，橅號明年也將跟進，並同時推出新款列車。

站轉乘，一訪文豪太宰治的故鄉。

　　當中最值得停留的便是十二湖站。十二湖位於世界自然遺產白神山地邊側，轉乘巴士後便可漫步在高聳的山毛櫸木林所環抱的林道裡，每一次呼吸，便覺身體盛滿芬多精，無比通暢。名為「十二湖」，但在這座森林裡，實際上有多達 33 座的大小湖泊，因從展望臺俯視可一次飽覽 12 座湖泊而得名。來訪時正值初秋，葉紋波浪在迷人的層次裡盡情堆疊、展現，喚醒如即興詩的感官禮讚，約莫 1 小時的環形步道走來不但不累，且處處都讓人想佇足，其中最具人氣的便屬「青池」及「沸壺之池」。

　　青池之所以讓人心之嚮往，便在於深如藍寶石的水色，卻極為清澈，佇足湖畔，耳際鳥鳴不絕，池中小魚優游其間，一片生機盎然。再往裡走，不遠處的沸壺之池，不若青池的色澤深邃，翡翠綠的池水同樣美得令人驚豔，不時落葉緩緩飄下，那靜謐如水、興奮如心，像是激情與冷靜的往返蹀躞，逆著光，我抬頭望了這片天地，完全明白這麼偏遠的原始森林裡，為何總吸引每年如此多人專程前來。

　　曾在不同季節搭乘過數次這條路線，但若少了十二湖，我想我的五能線列車之旅，便少了最精采的片段。

| | |
|---|---|
| 1 | |

| 2 | 3 | 4 |

1　海岸線上的奇石美景。

2　千疊敷海岸是沿線最美的海岸線，也入選「日本夕陽百選」景點。

3　五能線上的三味線表演。

4　窗外即是壯闊海景。

| | | 1 | 白神山地與十二湖。 |
| --- | --- | --- | --- |
| 1 | 2 | 2 | 青池色澤碧綠深邃。 |

白神號3款、6車次的列車，除運行方式不同，也因轉換軌道等事項，而有不同特色。

| 行駛方向 | 列車編號 | 特色 |
| --- | --- | --- |
| 秋田往青森 | 1號 | • 停靠「能代」站5分鐘，會邀請乘客下車玩投籃遊戲，投進即可獲得紀念品。<br>• 「鰺ヶ沢」至「五所川原」站間，列車上有輕津傳統三味線現場演出。 |
| | 3號 | • 停靠「能代」站5分鐘，會邀請乘客下車玩投籃遊戲，投進即可獲得紀念品。<br>• 唯一停靠「千畳敷き」站15分鐘的列車。<br>• 「鰺ヶ沢」至「五所川原」站間，列車上有輕津傳統三味線現場演出。<br>• 週末假日，「陸奧鶴田」至「川部」站間，有輕津腔講古表演。 |
| | 5號 | 「鰺ヶ沢」至「五所川原」站間，列車上有輕津傳統三味線現場演出。 |
| 青森往秋田 | 2號 | 「鰺ヶ沢」至「五所川原」站間，有輕津傳統三味線現場演出。 |
| | 4號 | 週末假日，「陸奧鶴田」至「川部」站間，有輕津腔講古表演。 |
| | 6號 | |

@ www.jreast.co.jp/akita/gonosen/index.html
　列車停靠站時間：www.jreast.co.jp/akita/gonosen/timetable/index.html
　十二湖：juuniko.info/midokoro02.html
**註** 雖然津輕海峽雪景頗負盛名，但日本海側冬季強風多雪，白神號固定班次會減為4班（多自11月底或
　12月初），也常有臨時停駛的情形。

## 秋田縣鄉土滋味

### 稻庭烏龍麵

　　與香川縣的讚岐、群馬縣的水澤並列日本三大烏龍麵之一的秋田稻庭烏龍麵，至今已有 300 多年歷史，但製作方式、外型都不同於其他兩者。這是為了因應當時氣候變化大帶來的飢荒問題，由下級武士稻庭吉左衛門研發這款乾燥的麵條，以便保存。稻庭烏龍麵麵條口感細緻，市區就可吃到的「無限堂」、「佐藤助養」各有擁護者，若想來個道地吃法，點份醬油、芝麻醬的兩味烏龍冷麵，最能吃出精華。

### 比內地雞鍋

　　秋田北部比內地區的雞隻因肉質具彈性、咬勁十足，在秋田許多餐廳都以比內地雞火鍋或烤雞肉串為號召，甚至還有以此做成的生食用雞肉刺身。不過個人最喜歡的作法還是秋田比內雞鍋（だまっこ鍋），山雞肉與切段米卷、菇類、野菜等一起煮後，讓米卷吸飽湯汁精華後再食用，最是美味，也是當地最具代表的家鄉味料理。

### 石燒鍋

　　源自於男鹿半島的石燒鍋，是當地漁夫的傳統料理。以炭火將岩石加熱到 1000 度火紅狀態後，放進冷水木桶中，待滾燙的石頭將水煮沸，迅速加入海鮮、味噌等，一陣嗞嗞爆響聲後，料理便完成，此時再用滾燙石頭燙熟青蔥便可食用。看似簡單的做法，可是考驗著食材鮮度，還有師傅的烹煮技巧呢！

### 烤米棒

　　產稻米的秋田，為了不浪費鍋中剩下的米糧，也方便入山打獵者及木工攜帶，便將米搗細捏成飯糰，塗上味噌烤過後，做成便當。江戶時代後期，當時為接待藩主巡視，當地人將米飯捏細後改以裹覆在秋田杉木上，塗上味噌放在炭火邊燒烤，表皮烤至金黃焦脆後直接食用，沒想到獲得藩主大力讚賞，便詢問料理名，接待人員因覺其形似覆有布包的短鞘（たんぽ槍），隨即回答「きりたんぽ（烤米棒）」，於是這名字便沿用至今。

附錄　**東北行程規畫示範**

　　東北地方新幹線完善，但班次多需要畫位，接駁的地方鐵道及巴士班次偏少，因此「有計畫的途中下車、不急不趕」是規畫東北地方旅行時最需掌握的第一步。

　　再者，東日本狹長地形，連峰群山聳立其間，沿著鐵道旅行，隨著緯度與地勢變化，就主要城市而言，南東北的福島市、仙台市、山形市較類似，北東北的盛岡市、青森市、秋田市則同屬一區。另靠日本海側的秋田縣、山形縣天氣較不穩定，冬季雪量大，規畫時要一併思考天候因素，行程除了動線邏輯，也要多預留時間，不要過度緊湊。以下就幾個熱門季節，提供 5 條主題路線示範，可配合本書景點介紹，規畫一趟自己的東北旅行。

**路線 1**　**南東北春櫻美學 5 日（適合月份：4 月中）**
進出機場：仙台機場

| Day 1 | 仙台機場 - 仙台市區 | 宿：仙台市 |
| Day 2 | 仙台市 - 大河原（白石川堤千本櫻）- 船岡城址公園 - 榴岡公園及夜櫻 | 宿：仙台市 |
| Day 3 | 仙台市 - 山形天童舞鶴公園 - 山形市霞城公園 | 宿：天童市 |
| Day 4 | 仙台市 - 松島海岸一日遊 | 宿：松島海岸 |
| Day 5 | 鹽竈神社及塩釜市區 - 仙台機場 - 返回臺灣 | |

**路線 2**　**北東北春櫻美學 7 日（適合月份：4 月下旬）**
進出機場：仙台／成田或羽田機場

| Day 1 | 仙台／東京 - 盛岡市區石割櫻、盛岡城跡、盛岡市區 | 宿：盛岡市 |
| Day 2 | 盛岡市 - 角館 - 秋田市區 | 宿：秋田市區 |
| Day 3 | 秋田千秋公園 - 秋田縣立美術館 - 弘前城夜櫻 | 宿：弘前市 |
| Day 4 | 弘前城及公園野餐 - 弘前市區巡禮 | 宿：青森市 |
| Day 5 | 青森市郊（青森美術館、三內丸山遺跡）- 十和田美術館 | 宿：八戶或古牧溫泉區 |
| Day 6 | 青森屋、澀澤公園等 - 八戶 - 返回東京或仙台 | 宿：東京或仙台 |
| Day 7 | 仙台／東京市區 - 返回臺灣 | |

## 路線 3 熱血夏日東北祭典 7 日（適合月份：8 月）
### 進出機場：仙台機場或成田 / 羽田機場

| Day 1 | 仙台／東京－山形市－花笠祭 | 宿：仙台市或山形市 |
| Day 2 | 仙台－盛岡市區－三颯舞 | 宿：盛岡市 |
| Day 3 | 角館或秋田市區－竿燈祭 | 宿：秋田市區 |
| Day 4 | 秋田－弘前市巡禮－弘前睡魔祭 | 宿：弘前市 |
| Day 5 | 青森市區－青森睡魔祭 | 宿：青森市 |
| Day 6 | 青森－仙台市區或近郊－七夕祭 | 宿：仙台（自東京前來者，建議本日返回東京） |
| Day 7 | 仙台／東京市區－返回臺灣 | |

## 路線 4 冬日南東北夢幻燈祭溫泉 5 日（適合月份：12 月中前後）
### 進出機場：仙台機場

| Day 1 | 仙台機場－仙台市區－松島海岸 | 宿：松島海岸 |
| Day 2 | 松島海岸一日遊－仙台市區光之祭典 | 宿：仙台市 |
| Day 3 | 仙台市－山形銀山溫泉 | 宿：銀山溫泉 |
| Day 4 | 山形上山溫泉市區 | 宿：上山溫泉 |
| Day 5 | 仙台市區－仙台機場－返回臺灣 | |

## 路線 5 秋楓溫泉 7 日（適合月份：10 月下旬）
### 進出機場：成田或羽田機場

| Day 1 | 東京－仙台、鳴子峽 | 宿：鳴子溫泉鄉 |
| Day 2 | 仙台－盛岡 | 宿：田澤湖畔或乳頭溫泉 |
| Day 3 | 角館（或抱返溪谷）－秋田市區 | 宿：秋田市 |
| Day 4 | 五能線一日旅（含十二湖） | 宿：青森市 |
| Day 5 | 八甲田山－蔦沼－十和田湖 | 宿：奧入瀨溪流或十和田湖 |
| Day 6 | 奧入瀨溪流健行－十和田美術館－東京 | 宿：東京市區 |
| Day 7 | 東京市區－返回臺灣 | |

ACROSS系列 023

# 日本東北・極上祕境／JR EAST PASS 慢遊案內

作　　者— 愛莉西亞aLiCia
主　　編— 陳信宏
責任編輯— 尹蘊雯
責任企畫— 曾睦涵
美編協力— 我我設計工作室 wowo.design@gmail.com

總 編 輯— 李采洪
發 行 人— 趙政岷
出 版 者— 時報文化出版企業股份有限公司
　　　　　　10803　臺北市和平西路3段240號3樓
　　　　　　發行專線—（02）23066842
　　　　　　讀者服務專線—（0800）231705・（02）23047103
　　　　　　讀者服務傳真—（02）23046858
　　　　　　郵撥— 19344724　時報文化出版公司
　　　　　　信箱— 臺北郵政79〜99信箱
時報悅讀網— http://www.readingtimes.com.tw
電子郵件信箱— newlife@readingtimes.com.tw
時報出版愛讀者粉絲團— http://www.facebook.com/readingtimes.2
法律顧問— 理律法律事務所陳長文律師、李念祖律師
印　　刷— 詠豐印刷有限公司
初版一刷— 2015 年12月18日
初版三刷— 2018 年8月21日
定　　價— 新臺幣 360 元

日本東北・極上祕境／JR EAST PASS慢遊案內/愛莉西亞
aLiCia 著;
-- 初版. - 臺北市：時報文化, 2015.12
　　面；　公分. -- (ACROSS；023)

ISBN 978-957-13-6479-7(平裝)

1.旅遊 2.日本

731.719　　　　　　　　　　　　104025161

ISBN：978-957-13-6479-7
Printed in Taiwan